La financiación de la vivienda para la clase media

Las posibilidades de asistir a ese importante sector de la sociedad

Arq. Eduardo Juan Sprovieri

Lic. Tomás Bulat

La financiación de la vivienda para la clase media

Las posibilidades de asistir a ese importante sector de la sociedad

Arq. Eduardo Juan Sprovieri

Lic. Tomás Bulat

nobuko

Sprovieri, Eduardo Juan
    La financiación de la vivienda para la clase media: las posibilida-
des de asistir a ese importante sector de la sociedad / Eduardo Juan
Sprovieri y Tomás Ariel Bulat. - 1a ed. - Buenos Aires: Nobuko, 2010.
    104 p.; 21x15 cm.

    ISBN 978-987-584-290-8

    1. Planeamiento Urbano. 2. Arquitectura Residencial. I. Bulat,
Tomás Ariel II. Título
    CDD 711.2

Diseño general: Eduardo Juan Sprovieri

Foto de tapa: Eduardo Juan Sprovieri

Hecho el depósito que marca la ley 11.723

ISBN: 978-987-584-290-8

Septiembre de 2010

INDICE

PRÓLOGO

La financiación de la vivienda ha sido y es una permanente preocupación de nuestra Cámara. Desde sus orígenes, es decir durante los 37 años de su existencia, CAVERA ha bregado al respecto de ese crucial tema, analizando sus características y posibilidades, discutiendo alternativas, formulando propuestas a través de conferencias, jornadas, artículos en diarios y revistas especializados, de su propio boletín, editando libros y realizando presentaciones ante las distintas autoridades y público en general.

Los sectores de menores recursos han sido, con variantes, tradicionalmente asistidos por el Estado para el acceso a la vivienda por medio de planes sociales, como el FONAVI y más recientemente el Plan Federal de Construcción de Viviendas, que si bien no han logrado satisfacer plenamente la demanda, han significado un importante avance en la solución del problema para un vasto sector de la población, precisamente el más desposeído y postergado.

El sector más adinerado de la población es, obviamente, el único que no presenta carencias en lo que respecta al acceso a la vivienda y a su financiación.

Pero la clase media, que representa el 40% de la población argentina, es todavía un sector cuya demanda de viviendas no es atendida, dado que no recibe subsidios ni es acogido por planes de construcción de viviendas con fondos públicos, ni tiene posibilidades de acceso al crédito por no calificar para el mismo o por no poder afrontar el pago de las cuotas debido a la relación de las mismas con la escala de sus ingresos.

El presente estudio analiza fundamentalmente alternativas posibles que permitan ayudar a este importante sector de la población para que pueda acceder a una vivienda digna constituyéndose, además, en un amplio sector demandante a la industria, creando trabajo y empleo.

La propuesta, que difundimos por medio de esta publicación, se basa fundamentalmente en los siguientes conceptos:

- asistencia del Estado en el financiamiento a la demanda,
- captación de recursos provenientes del ahorro, la inversión privada y la institucional,
- brindar un sistema que garantice la rentabilidad de los recursos captados,
- asegurar un sistema de relación equilibrada entre las cuotas y los ingresos de los deudores, independizándolas de las fluctuaciones financieras y del mercado inmobiliario.

En dicho programa el Estado deberá jugar un rol fundamental, que resumimos en pocos conceptos:

- Ayudando a financiar parte del anticipo, en proporción inversa a la capacidad económica de la familia compradora.
- Dictando leyes y disposiciones que establezcan las normas y regulaciones necesarias.
- Generando, a través de las provincias y municipios, bancos de tierras que ayuden a evitar la especulación, asegurando la utilización de terrenos adecuados, con la infraestructura y los servicios indispensables.
- Impulsando la puesta en marcha y el seguimiento del programa

Como es de comprender, volcar las ideas y sus fundamentos en un programa coherente, no ha sido tarea fácil.

Por ello CAVERA ha encomendado a un destacado profesional con una amplia y versátil experiencia, activo participante de esta Cámara desde hace 28 años, con 25 de ellos como Directivo de la misma, a transcribir los conceptos que durante todos estos años hemos compartido.

Nos referimos al arquitecto Eduardo Juan Sprovieri, el que en su larga trayectoria profesional ha sido docente de la F.A.D.U.- U.B.A., Gerente de arquitectura de una de las empresas constructoras de mayor envergadura del país, presidente durante 15 años de una empresa constructora de obras públicas, Director y Gerente de una empresa originante de hipotecas; siendo actualmente Gerente de CAVERA.

Y como de asuntos económicos y financieros trata el tema que nos ocupa hemos requerido la supervisión de los conceptos desarrollados al Licenciado Tomás Bulat, egresado del Master Science in Economics de la University of London Queen Mary y de Desarrollo Económico de la Universidad Federal de Río de Janeiro; ha sido profesor adjunto de Finanzas Públicas de la Facultad de Ciencias Económicas de la U.B.A., siendo actualmente asesor de empresas, consultor económico de medios de comunicación y Asesor de Economía y Finanzas de CAVERA.

Lo que sigue es el resultado de la experiencia, dedicación y esfuerzo de ambos profesionales y manifiesta la propuesta que promueve nuestra Cámara.

Esperamos que nuestras ideas despierten la inquietud y sean tenidas en cuenta; podría significar un aporte fundamental para los cientos de miles de familias que ven postergados sus sueños y transcurrir los años sin la felicidad y tranquilidad que la casa propia lleva consigo.

Arq. José Oscar Vidal

Presidente 1999-2009

CAVERA

INTRODUCCIÓN

A pesar de los esfuerzos realizados por las autoridades nacionales, provinciales y municipales y de las extraordinarias inversiones que sea han concretado destinadas a la construcción de viviendas de interés social, hay un importante sector de la sociedad que no ha estado incluido entre los beneficiarios de los numerosos y diversos planes encarados por las autoridades tendientes a paliar el estremecedor drama heredado, de la carencia de viviendas populares.

Ese sector de la población que no recibe subsidios, ni asistencia ni ayuda para acceder a sus viviendas, tiene la capacidad económica de poder pagar por ellas, pero le está vedado el acceso al crédito debido a que las líneas financieras instrumentadas por los bancos resultan barreras infranqueables por sus exigencias y requisitos.

Ese sector, que alcanza al 40% de la población de nuestro país, es **la clase media argentina.**

Todos los esfuerzos e inversiones realizados por las autoridades públicas han sido orientados a atender el problema de la vivienda de las clases más necesitadas y postergadas del país, lo cual es absolutamente comprensible y compartimos plenamente.

Pero esa otra clase, la clase media, también necesita viviendas y de asistencia para acceder a ellas.

Al respecto de ello, hacemos referencia a un informe de la Defensoría del Pueblo de la Ciudad de Buenos Aires, el que sostiene que en el año 2002 el parque habitacional de la ciudad alcanzaba a 1.200.000 viviendas, 48% de ellas de buena calidad, 26% aceptables, 13% a las que se les ha otorgado otro destino y finalmente un 13% de las viviendas eran de deficiente calidad. Las situaciones deficitarias y de hacinamiento o carencia de vivienda afectaban a unas 400.000 personas de las cuales un 51% pertenecía a un nivel económico bajo, **un 34 % al segmento medio bajo y un 15% al segmento medio.** *(Defensoría del Pueblo de la Ciudad de Buenos Aires, Informe del 5 de Julio de 2006, pag. 2, basado en el 'Documento Técnico del Plan Estratégico' del Gobierno de la Ciudad de Buenos Aires, 2003).*

Lo cual nos advierte que **el 49% de la población de la ciudad de Buenos Aires que en el año 2002 vivían en viviendas deficitarias o en condiciones de hacinamiento, pertenecían a la clase media.**

A nuestro criterio creemos, y es lo que intentaremos demostrar, que el acceso a la financiación de la vivienda para los sectores medios que pueden pagar por ella, es atacar una parte importante del problema, promoviendo que **su financiación sea atendida por el mercado,** lo que permitirá que los fondos del Estado se destinen exclusivamente a asistir a los sectores más desprotegidos de la población.

Lo que pretendemos con este trabajo es ver cómo, diferentes actores de la economía de nuestro país pueden ser partícipes de la solución de este grave problema y cómo pueden colaborar las autoridades públicas para instrumentar un sistema que facilite el acceso a la vivienda de la clase media, que puede y quiere pagar por ella, lo que a su vez lleva implícito otras propiedades virtuosas:

- Promoción del ahorro
- Promoción del mercado de capitales
- Promoción del empleo y de la actividad económica

El tema que hoy nos ocupa, ha sido un permanente debate de todos aquellos que hemos participado activamente en nuestra Cámara.

Y nutridos de esas apasionantes y enriquecedoras disquisiciones, hemos considerado un deber impostergable el darles forma y trascendencia; y por ello hemos volcado nuestros análisis, estudios, inquietudes y conclusiones en este trabajo.

Los autores

1. EL DEFICIT HABITACIONAL EXISTENTE EN LA ARGENTINA

En oportunidad de un Seminario organizado por la Comisión de Vivienda de la Cámara de Diputados de la Nación el 9 de noviembre de 2006 se brindó el dato que el déficit habitacional de nuestro país era de **2.640.871 viviendas**.

No son muchas las fuentes, desde el punto de vista científico o técnico, que puedan brindarnos datos precisos sobre cuál es el déficit habitacional en nuestro país.

La fuente más confiable al respecto es el Instituto Nacional de Estadísticas y Censos – INDEC, pero lamentablemente los datos que este organismo puede brindarnos corresponden al Censo Nacional de Población, Hogares y Vivienda 2001, por lo que a la fecha de redacción de este estudio, los mismos están desactualizados por el transcurso del tiempo.

El primer punto que debemos dilucidar, cuando hablamos de déficit habitacional, son los parámetros y criterios que definen a una vivienda como deficitaria o cuales son las condiciones que deben cumplirse para clasificar a una familia con Necesidades Básicas Insatisfechas.

Las NBI fueron definidas por el INDEC en "La Pobreza en la Argentina", publicada por este instituto en el año 1984. Los hogares con Necesidades Básicas Insatisfechas son aquellos que presentan al menos uno de los siguientes indicadores:

NECESIDADES BÁSICAS INSATISFECHAS	
Hacinamiento	Hogares con más de tres personas por cuarto
Vivienda	Hogares que habitan una vivienda de tipo inconveniente (pieza de inquilinato, viv. precaria u otro tipo.
Condiciones sanitarias	Hogares que no tuvieran ningún tipo de retrete
Asistencia escolar	Hogares que tuvieran algún niño en edad escolar que no asista a la escuela
Capacidad subsistencia	Hogares que tuvieran 4 o más personas por miembro ocupado y, además cuyo jefe no hubiera completado el tercer grado de la escuela primaria

Va de suyo que cualquier hogar alcanzado por uno cualquiera de los tres primeros apartados caerá dentro de la categoría de deficitario.

El INDEC por otro lado clasifica las viviendas por la calidad de los materiales empleados en su construcción como sigue:

VIVIENDAS SEGÚN LA CALIDAD DE LOS MATERIALES	
CALMAT I	la vivienda presenta materiales resistentes y sólidos en todos los paramentos (pisos, paredes o techos) e incorpora todos los elementos de aislamiento y terminación.
CALMAT II	la vivienda presenta materiales resistentes y sólidos en todos los paramentos pero le faltan elementos de aislamiento o terminación al menos en uno de los componentes (pisos, paredes, techos).
CALMAT III	la vivienda presenta materiales resistentes y sólidos en todos los paramentos pero le faltan elementos de aislamiento o terminación en todos sus componentes, o bien presenta techos de chapa de metal o fibrocemento u otro sin cielorraso, o paredes de chapa de metal o fibrocemento.
CALMAT IV	la vivienda presenta materiales no resistentes ni sólidos o de desecho al menos en uno de los paramentos.

El INDEC se refiere en forma indistinta a hogares y viviendas, aunque los define con precisión al referirse a los aspectos metodológicos del censo. INDEC define al **Hogar**: *"persona o grupo de personas que viven bajo el mismo techo y comparten los gastos de alimentación"* y **Unidad de Habitación o vivienda**: *"recinto de alojamiento estructuralmente separado e independiente. Se presentan unidades de habitación: a) que han sido construidas o adaptadas para ser habitadas por personas y b) que, aunque no hayan sido construidas o adaptadas para ser habitadas por personas, se utilicen con ese fin en el momento del levantamiento del censo."*[1]

---

[1] INDEC, 'Censo Nacional de Población, Hogares y Viviendas 2001', Aspectos Metodológicos, capítulo 1.3 Conceptos y definiciones censales, pag. 7

Analizando los diversos Cuadros del Censo 2001 y teniendo en cuenta las definiciones sobre NBI y CALMAT, hemos elaborado el resumen que detallamos a continuación:

TOTAL DE VIVIENDAS (1)	**10.637.084**
VIVIENDAS y HOGARES DEFICITARIOS - según Censo 2001	
Casas tipo B (2)	**1.479.902**
Ranchos	**217.281**
Casillas	**266.322**
Hogar en pieza de inquilinato o pensión	**96.569**
Id. en local no construido p/viv. o móvil	**24.347**
Más de 3 pers./cuarto en casa tipo A (3)	**101.615**
Idem. idem. en departamento	**15.085**
2 o más hogares por vivienda	**552.199**
DÉFICIT HABITACIONAL TOTAL	**2.753.320**

Fuente: INDEC – Censo 2001 – Cuadros 3.4, 3.5, 4.15, 4.17, 5.1, 5.4

(1) El Total consignado corresponde a la suma de Viviendas Ocupadas (9.712.661), Ocupadas con moradores ausentes (609.443) y en alquiler o venta (314.980). No incluye Viviendas que se usan como consultorio, oficina o comercio (227.328), uso vacacional o fin de semana (324.576), motivos desconocidos u otros (384.203), en construcción (191.906) y abandonadas (276.487).

(2) Se refiere a todas las casas que cumplen por lo menos con una de las siguientes condiciones: tienen piso de tierra o ladrillo suelto u otro material y/o no tienen provisión de agua por cañería dentro de la vivienda y/o no disponen de inodoro con descarga de agua.

(3) Casa tipo A: todas las casas no consideradas tipo B

El déficit habitacional total calculado corresponde al **Censo del año 2001**. Teniendo en cuenta el aumento vegetativo de la población, que es del orden de los 360.000 habitantes por año, estimado en base a la **tasa anual de crecimiento de la población argentina**, que según el INDEC fue de **10,1 por mil**, o sea 1,01 % por año, calculamos una necesidad de aproximadamente 194.000 viviendas anuales *(ver Capítulo 3)*, desde entonces **hasta el año 2010** unas **1.750.000** viviendas y teniendo en cuenta que **desde el año 2002** se han construido con fondos públicos y privados aproximadamente **1.050.000 viviendas** nuevas *(ver capítulo 2)*, el déficit habitacional se ha incrementado en **700.000** viviendas por lo que alcanzará **a fin del año 2010** a:

DEFICIT HABITACIONAL 3.500.000 VIVIENDAS

Para la estimación precedente hemos considerado exclusivamente la construcción de **viviendas nuevas**; no hemos tenido en cuenta las **ampliaciones** privadas, que calculamos, según fuentes del INDEC y de la Dirección de Estadística del Gobierno de la Ciudad de Buenos Aires, en aproximadamente 240.000 viviendas en el mismo período, ni las **215.693 soluciones habitacionales y mejoramientos terminados** declaradas por la Subsecretaría de Viviendas de la Nación desde el año 2002 al 2009 [2], pues esas 460.000 viviendas readecuadas no alcanzarán a compensar las 690.000 viviendas (86.700 anuales) que se transformarán en deficitarias por obsolescencia en ese mismo período *(ver final del Capítulo 3)*.

---

[2] Consejo Nacional de la Vivienda, Revista N° 30 de Abril de 2010, pags 99 y 100.

2. CUANTAS VIVIENDAS SE CONSTRUYEN ANUALMENTE

En primer término estimaremos cuántas **viviendas nuevas** se construyen anualmente con fondos privados, para lo cual tomaremos un período de 10 años, entre 1998 al 2007, que abarca dos ciclos de buena actividad, al inicio y al final, con un lapso intermedio claramente recesivo:

PERMISOS DE CONSTRUCCIÒN VIVIENDAS PRIVADAS NUEVAS			
AÑO	**CANTIDAD**	**SUP. CUB. (m2)**	**m2/viv**
1998	70.143	6.965.967	99
1999	56.179	5.718.337	102
2000	52.922	5.610.435	106
2001	42.884	4.508.252	105
2002	27.979	3.084.531	110
2003	48.228	5.314.794	110
2004	56.013	6.406.085	114
2005	75.265	8.160.914	108
2006	122.700	S / D	(1)
2007	121.600	S / D	(1)
1998-2007	115.000	S / D	(2)
TOTAL	**788.913**	**VIVIENDAS**	

Fuente: INDEC y D.G.E. y C. Gob. C. Bs. As.

(1) A partir del año 2006 la cantidad total de viviendas ha sido estimada en base a los datos publicados por la Dirección General de Estadísticas y Censos del Gobierno de la Ciudad de Buenos Aires ya

que el INDEC brindaba datos de los permisos de edificación de viviendas nuevas (cantidad de viviendas, superficie cubierta, etc.) para 188 municipios hasta el año 2005; pero a partir del año 2006 en adelante el INDEC brinda información a través del ISAC [3] de permisos de edificación para la ciudad de Buenos Aires y para 42 municipios en forma global, incluyendo ampliaciones y edificaciones con otros destinos diferentes al de viviendas.

(2) El relevamiento de los Permisos de Edificación que realiza el INDEC abarca, como dijimos, un total de 188 municipios, comprendiendo para la Ciudad de Buenos Aires el 100% de relevamiento, para la Provincia de Buenos Aires el 90,6% y para el resto del país el 71,7% de la población urbana. En base a los porcentuales faltantes hemos estimado los municipios no relevados, manteniendo una cantidad de viviendas proporcional a los municipios relevados. En esta cantidad de viviendas nuevas estimada **no se ha considerado** las construcciones **clandestinas, no registradas** y las ejecutadas **dentro de barrios cerrados y chacras, no declaradas**, por un lado por suponer deficitarias la mayoría de las construcciones clandestinas y por el otro por considerar irrelevantes las cantidades construidas en barrios privados. Por caso, en el municipio de Pilar (uno de los que mayor crecimiento ha evidenciado) se han construido en los últimos 10 años aproximadamente 16.000 viviendas registradas. Suponiendo que una cantidad igual se haya construido en forma irregular, ello representaría 1.600 viviendas anuales.

Sobre la cantidad de viviendas realmente construidas ver NOTA al final de este Capítulo.

Como conclusión, podemos decir que con fondos privados se construyeron aproximadamente un promedio de 80.000 viviendas por año.

Veamos las viviendas construidas con fondos públicos:

---

[3] ISAC: Indicador Sintético de la Actividad de la Construcción, publicado por el INDEC mensualmente a fines de cada mes informando respecto del mes anterior.

TOTAL DE VIVIENDAS CONSTRUIDAS CON FONDOS PÚBLICOS

AÑO	PROGRAMA	PARCIAL	CANTIDAD TOTAL	
1998	FONAVI	49.585	49.585	(1)
1999	FONAVI	48.359	48.359	(1)
2000	FONAVI	36.581	36.581	(1)
2001	FONAVI	28.062	28.062	(1)
2002	FONAVI	19.829	19.829	(1)
2003	FONAVI	24.502		
	Reactivación I	4.348		
	Reactivación II	341	29.191	(2)
2004	FONAVI	8.339		
	Reactivación I	5.010		
	Reactivación II	6.856	20.205	(2)
2005	FONAVI	13.455		
	Reactivación I	1.195		
	Reactivación II	6.063		
	Solidaridad	10.936		
	Emerg. Habitacional	5.312		
	PLAN FEDERAL	4.042	41.003	(3)
2006	FONAVI	10.094		
	Reactivación II	2.293		
	Solidaridad	6.955		
	Emerg. Habitacional	1.804		
	PLAN FEDERAL	25.038	46.184	(3)
2007	FONAVI	10.644		
	Reactivación II	901		
	Solidaridad	2.105		
	Emerg. Habitacional	1.461		
	PLAN FEDERAL	38.848	53.959	(3)
TOTAL	**VIVIENDAS**		**372.958**	

(1) Fuente: Revista del Consejo Nacional de la Vivienda N° 29 de Diciembre de 2009.
(2) Fuente: Subsecretaría de Desarrollo Urbano y Vivienda, "AUDITORÍAS FONAVI 2003 y 2004, Informe Síntesis".

(3) Fuente: Subsecretaría de Desarrollo Urbano y Vivienda, "AUDITO-RÍAS FONAVI y PROGRAMAS FEDERALES 2005, 2006 y 2007, Informe Síntesis".

Consecuentemente, en el mismo período de diez años, es decir entre los años 1998 y 2007, se han construido **con fondos públicos** aproximadamente un total de **373.000 viviendas**, lo que da un promedio de **37.000 viviendas por año**.

Cabe comentar que, según lo informado a través de la Revista del Consejo Nacional de la Vivienda N° 30 (Abril de 2010), entre los años 2008 y 2009 se construyeron con Fondos Públicos un total de **70.869** viviendas terminadas al 31 de Diciembre de 2009, según el siguiente detalle: FONAVI 8.382, Reactivación 130, Solidaridad 1.212, Emergencia Habitacional 3.780, Plan Federal 49.444, Cáritas, Promeba y otros 7.921; total que sumado al anterior no hace más que ratificar el promedio de 37.000 viviendas anuales.

Sumando las viviendas privadas y las terminadas con fondos públicos, da como resultado que en nuestro país se ha construido en un período de diez años un promedio aproximado de:

VIVIENDAS CONSTRUIDAS ANUALMENTE		
Privadas	80.000	viviendas
Fondos Públicos	37.000	viviendas
TOTAL	117.000	viviendas

Veamos a que sectores de la población están dirigidas esas viviendas. Según el Cuadro 17.4 del Anuario Estadístico 2007 del Gobierno de la Ciudad de Buenos Aires, durante el período 1998/2007 se han solicitado los permisos de construcción para 34.177 viviendas nuevas sencillas, 39.084 confortables, 11.299 lujosas y 38.437 suntuosas, o sea, del total de 122.997 viviendas, **27,8% eran sencillas, 31,8% confortables, 9,2% lujosas y 31,2% suntuosas.**

Adoptando esas proporciones por categoría para la totalidad del país y extrapolando esos datos para el total de viviendas construidas anualmente, elaboramos el cuadro siguiente:

CATEGORÍA DE VIVIENDAS CONSTRUÍDAS ANUALMENTE

Fondos Privados **80.000 viv/año**	Suntuosa	128 m2	**21,4%**	25.000
	Lujosa	128 m2	**6,3%**	7.400
	Confortable	106 m2	**21,7%**	25.400
	Sencilla	78 m2	**19,0%**	22.200
Fondos Públicos **37.000 viv/año**	Económica	44/55 m2	**31,6%**	37.000
TOTAL **117.000 viv/año**			**100%**	117.000

Fuente: elaboración de los autores en base a la Dirección General de Estadísticas y Censos de la Ciudad de Buenos Aires

CATEGORÍAS DE LAS VIVIENDAS según D.G.E y C de la C. de Bs. As.:
Sencilla: no podrán figurar más ambientes que porche o vestíbulo, sala de estar o comedor; dormitorios; baño y toalet para cuatro locales de primera; cocina, lavadero, garaje, depósito; servicios centrales de calefacción, agua caliente y/o aire acondicionado.
Confortable: no podrán figurar más ambientes que escritorio, ante-cocina o ante-comedor o comedor diario (siempre que su separación con el ambiente principal esté perfectamente definida), una habitación de servicio y un baño de servicio; cuarto de planchar. El living y el comedor o el living-comedor no deben exceder en conjunto de 42 m2 de superficie.
Lujosa: no podrán figurar más que un ascensor en las unifamiliares; ascensor con acceso privado a un solo departamento por piso; ascensor de servicio, siempre que el mismo esté perfectamente caracterizado como tal; hasta tres habitaciones y tres baños de servicio; living-comedor que excedan de 42 m2 de superficie.

23

Suntuosa: no podrán figurar más que aquellas que reuniendo las características indicadas en el apartado anterior, tengan su construcción complementada con detalles suntuosos e importantes ambientes de recepción, más de tres habitaciones y tres baños de servicio; pileta de natación, cuerpo independiente para vivienda de servicio, etc.

NOTA IMPORTANTE: los datos informados sobre <u>viviendas permisadas</u> con fondos privados son extraídos de los <u>permisos de construcción</u> en la Ciudad de Buenos Aires según su D.G.E. y C y de 188 municipios de todo el país publicados por "INDEC Informa", pero no hay datos estadísticos sobre cantidad de viviendas <u>construidas</u>, lo que no confiere seguridad de que ésa sea la cantidad de viviendas realmente terminadas.

3. DEMANDA ANUAL DE VIVIENDAS EN LA ARGENTINA

Ya nos hemos referidos muy someramente a la demanda de viviendas en el capítulo 1 dedicado al Déficit Habitacional en la Argentina. En dicho capítulo hemos intentado demostrar que el déficit habitacional existente alcanza a las **3.500.000** unidades de vivienda.

Ahora bien, esa cifra no es estática, ya que se incrementa anualmente según las siguientes estimaciones: en el Censo nacional de población y vivienda 2001, el INDEC determinó que la **tasa anual media de crecimiento de la población** argentina entre los años 1991 y 2001 fue de **10,1 por mil**, o sea 1,01% anual, pasando de 32.615.528 habitantes en 1991 a **36.223.947** en el año 2001. En números reales aumentó en 3.608.419 habitantes en el transcurso de esos 10 años. O sea a un **promedio de 360.842 habitantes por año.**

Consecuentemente en el presente año los primeros 360.000 habitantes nacidos en el decenio pasado estarán cumpliendo los 19 años y en los años sucesivos se verificarán idénticos cumpleaños, por lo que los jóvenes que estarán ingresando en la mayoría de edad irán formando parejas y a medida que ello ocurra irán demandando alguna vivienda (esto que exponemos de manera tan sencilla, no es estrictamente académico, pero se aproxima mucho a la realidad).

La cantidad de viviendas necesarias anualmente no resultará de dividir la cantidad de 360.000 habitantes por 2 debido a que del total de los hogares hoy existentes, según datos del INDEC, el 15% está habitado en forma unipersonal, por lo que suponiendo que esa proporción se mantenga, resultará que 29.000 solitarios demandarán su vivienda individual, en tanto que los 331.000 habitantes restantes integrarán parejas y desearán compartir felizmente una vivienda, lo que daría un total de 165.000 hogares, que sumados a los 29.000 anteriores da un total de **194.000** viviendas anuales. [4]

A esta cantidad es necesario agregar las viviendas que se irán incorporando anualmente al parque de viviendas deficitarias por razones de obsolescencia que estimamos, con criterio prudente, en el **1% anual** del parque existente (o sea, sobre la base de suponer una vida útil de las viviendas de 100 años). Por lo que ante un total de **10.637.084 viviendas,** como vimos en el Capítulo 1, a las que debemos restar previamente las 1.963.505 viviendas ya declaradas deficitarias por el INDEC (casas tipo B, Ranchos y Casillas), quedan **8.673.579 viviendas**, que al 1% anual resultan **86.700** viviendas que se transformarán en deficitarias anualmente, por lo que el total de la demanda anual de viviendas será de aproximadamente:

DEMANDA TOTAL DE VIVIENDAS

280.000 anuales

Es oportuno recordar que en esta cifra no se incluye la reducción del déficit pre-existente de 3.500.000 viviendas.

26

4. DEMANDA ANUAL DE VIVIENDAS DE LA CLASE MEDIA

A los efectos de determinar la necesidad de viviendas de la clase media argentina, lo primero que intentaremos definir es qué se entiende por clase media y luego medir la magnitud que dicho sector tiene cuantitativa y proporcionalmente dentro del total de la población argentina. De esta forma podremos determinar, con cierta aproximación, la **necesidad futura de viviendas** de este sector, ya que con la información hoy disponible es muy difícil calcular con exactitud el **déficit habitacional existente** del mismo.

Para la definición de la "clase media" la fuente más precisa proviene de los estudios realizados por la Asociación Argentina de Marketing y publicados por dicha institución en sus trabajos *"Índice de nivel socio económico argentino"* del año 1996 y *"Nivel Socio Económico 2006"*(NSE 2006).

En la primera de estas publicaciones la AAM dividió la estructura socio económica de la población en siete clases, que identificó con letras y números (concepto ampliamente difundido hoy):

AB – C1 - C2 - C3 - D1 - D2 - E

Estructura Socio Económica – año 1996

NSE	CLASE	% CIUDADES > 500.000 HABIT
A B	Alta	1
C 1	Media Alta	10
C 2	Media Típica	11
C 3	Media Baja	24
D 1	Baja Superior	25
D 2	Baja Inferior	25
E	Marginal	4

Fuente: Asociación Argentina de Marketing

Los Índices de Nivel Socio Económico definidos por la AAM en el año 1996 se basaban en los siguientes indicadores:

- Nivel Educacional del Principal Sostén del Hogar (**PSH**)
- Nivel Ocupacional del PSH
- Patrimonio del Hogar (posesión de Bienes y Servicios, posesión de Automóvil)

Años después (2002, 2004 y 2006) la AAM volvió a analizar el tema del nivel socio económico argentino, oportunidades en que realizó revisiones completas de los criterios utilizados para la estratificación, basándose en nuevas ponderaciones aplicadas a las variables que tradicionalmente han sido utilizadas (educación, ocupación y posesión de bienes) y en las consultas realizadas a diversos y destacados especialistas en la materia.

Como consecuencia de dichos estudios la AAM acordó nuevos criterios con relación al enfoque metodológico para establecer los Niveles Socio Económicos 2006, según las siguientes premisas:

- Basarse en el concepto tradicional de **capacidad de consumo** del hogar.
- Tomar como base para el análisis la **información de la EPH** (Encuesta Permanente de Hogares que realiza el INDEC) por su magnitud, alcance y confiabilidad (al respecto merece recordarse que el NSE 2006 fue elaborado por la AAM entre los años 2005 y 2006)
- Considerar además todas las **variables sociales y culturales** indicativas de la posición social del hogar, en tanto estén disponibles en la EPH.
- Que sea **aplicable** en un futuro por todos los actores del mercado.
- Que sea **definible fácilmente.**
- Que sea **comparable** con anteriores versiones.
- Y factible de empalmar con **mediciones y estadísticas oficiales.**

Luego de una minuciosa selección de muestras y de invitar a un conjunto de expertos en el campo de la investigación de mercado, estableció los siguientes criterios, variables y categorías, ajustando la variable Educación, según la siguiente incidencia:

75% Ocupación – 25% Educación

A) INSERCIÓN LABORAL DEL PRINCIPAL SOSTÉN DEL HOGAR (PSH) EN EL SISTEMA PRODUCTIVO

- **Condición de actividad del PSH**
  Activo (Ocupado o Desocupado)
  Inactivo (Jubilado/pensionado o rentista)
- **Calificación de la tarea** (alude al grado de complejidad)
  Profesional
  Técnico
  Operativo
  No calificada
- **Modalidad Laboral**
  Empleador
  Empleado
  Cuenta propia/independiente
- **Jerarquía Laboral**
  Directivo (pueden ser empleados y todos los patrones)
  Jefe (personal a cargo y supervisa la producción)
  Ejecución directa (trabajador)
- **Tamaño de la organización** (cantidad de personas que trabajan)
  Microempresas (hasta 5 personas)
  Pequeñas (de 6 a 40 personas)
  Medianas (de 41 a 200 personas)
  Grandes (más de 200 personas)
- **Intensidad laboral**
  Ocupado pleno
  Sub-ocupado (menos de 35 horas semanales)

B) EDUCACIÓN FORMAL DEL PSH

- **Sin estudios**
  Sin educación formal
  Primario incompleto
- **Primario**
  Primario completo
  Secundario incompleto
- **Secundario**
  Secundario completo
  Terciario o Universitario incompleto
- **Terciario**
  Terciario completo
  Universitario completo

C) COBERTURA DE SALUD

- o **Obra social** (incluye PAMI)
- o **Prepaga**
- o **No paga ni le descuentan**

D) CANTIDAD DE PERSONAS EN EL HOGAR QUE TIENEN INGRESOS PROPIOS REGULARES

- o Hasta 40% de los miembros del hogar
- o Más del 40 y hasta el 69%
- o Más del 69%

Basados en la información estadística, la AAM confeccionó una grilla de la que se derivan los NSE según la respuesta a cada una de las variables detalladas más arriba. *Esta grilla podrá ser consultada en la publicación "N.S.E. 2006" de la mencionada Asociación.* En el siguiente gráfico confeccionado por la AAM se muestra la distribución porcentual de los hogares por NSE en el total de centros urbanos censados por la EPH, para el año 2005.

NSE – 2005

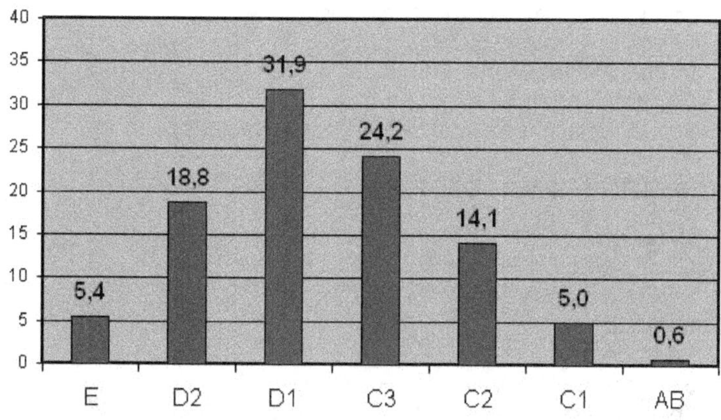

Fuente: Asociación Argentina de Marketing

En los gráficos siguientes los niveles AB y C1 se muestran en conjunto debido a la escasa significación del nivel AB.

NSE 2005 de los Principales Conglomerados Urbanos

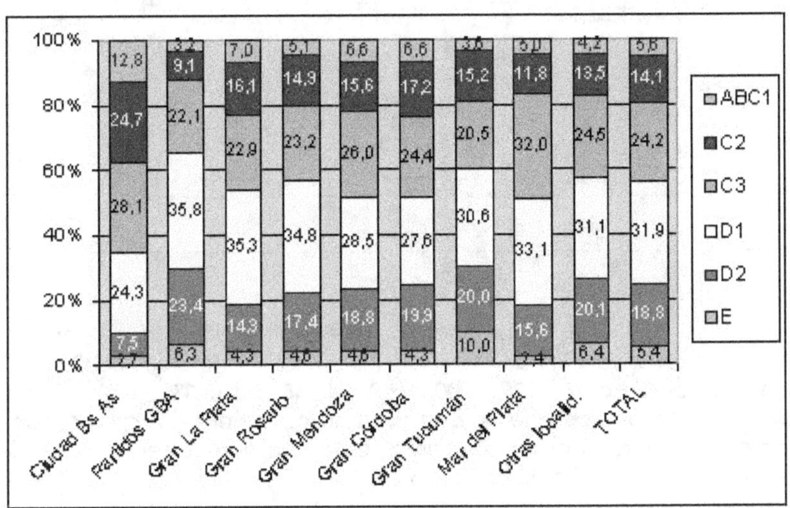

Fuente: AAM – NSE Año 2005

Igualmente, la A.A.M. para la publicación del "NSE 2006" elaboró un conjunto de gráficos teniendo en cuenta las diversas variables que componen el NSE, medidos en por ciento de la población: según la modalidad ocupacional, la calificación y jerarquía laboral, el nivel educativo, etc. No es el objeto de este estudio profundizar cada una de esas variables; quién sienta interés para ampliar sus conocimientos al respecto le recomendamos consultar en www.aam-ar.com.

Si comparamos los porcentuales de los NSE determinados por la AAM para los años 1996, 2005 y 2006, observaremos que para las categorías C2 y C3 se han verificado escasas diferencias en el transcurso de dichos años:

31

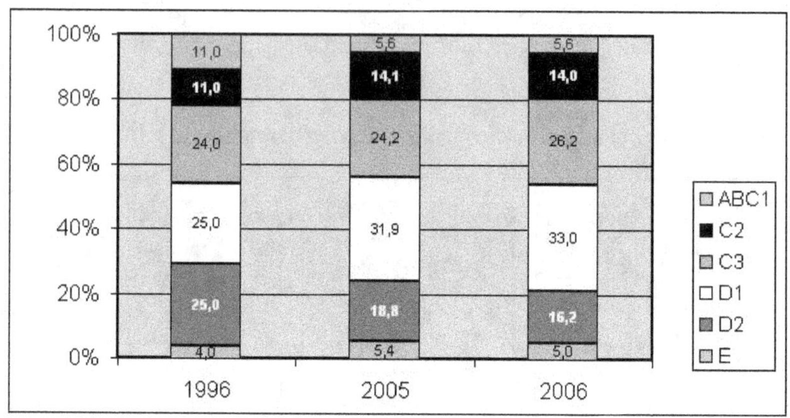

En el gráfico que precede podemos comprobar que para las ciudades de más de 500.000 habitantes, los NSE C2 y C3 sumados alcanzan en 1996, 2005 y 2006 el **35,0%**, **38,3%** y el **40,0%** del total de las poblaciones urbanas, respectivamente y que ambas clases han incrementado su participación porcentual en similar medida a la disminución de la clase ABC1.

Esto nos permite suponer que los porcentajes de NSE se mantendrán inalterados en el tiempo, por lo que el **14 %** de los futuros habitantes urbanos pertenecerán al **NSE C2** –Clase Media Típica- y el **26,2 %** pertenecerá al **NSE C3** –Clase Media Baja.

Además, la Dirección de Estadísticas Sectoriales y la Dirección de Estadísticas Poblacionales del INDEC han realizado procesamientos especiales en base a los Censos 1980 y 1991 por medio de los cuales han llegado a estimar que para el **año 2010** la población **urbana** alcanzará a las **36.965.313 de habitantes**, y que será aproximadamente un **91%** de la población total esperada para ese entonces. [5]

---

[5] Dato extraído del Cuadro de "Indicadores de la estructura de la población en área urbana y rural por grupo de edad y sexo. Total del país. Años 1980, 1991, 2001 y 2010" elaborado por la Dirección de Estadísticas Sectoriales y la Dirección de Estadísticas Poblacionales del INDEC. Procesamientos inéditos

Debemos tener presente que el INDEC considera como urbana a la población que reside en localidades de más de 2.000 habitantes; no obstante, para nuestras estimaciones consideramos sólo las poblaciones de más de 20.000 habitantes, las que según INDEC representan el 86% de las poblaciones urbanas, por lo que para el 2010 habrá **31.790.170 habitantes en centros de más de 20.000 pobladores,** que creciendo al 1,01% anual aumentarán en **321.000 habitantes por año.**

Consecuentemente las necesidades de viviendas urbanas para las clases ABC1, C2 y C3 será:

DEMANDA ANUAL de VIVIENDAS de los NSE ABC1 - C2 - C3				
CLASE	%	HABITANTES	VIVIENDAS	
			TIPO	CANT
AB Alta	5,6	18.000	Individual	1.460
C1 Media Alta			Familiar	8.270
C2 Media Típica	14	44.900	Individual	3.640
			Familiar	20.630
C3 Media Baja	26,2	84.100	Individual	6.820
			Familiar	38.640
TOTAL		147.000		79.460

En el Capítulo 2 hemos visto un cuadro "Categoría de Viviendas construidas anualmente" y una breve descripción de cada una de esas categorías, de las que colegimos que las categorías **"Suntuosa", "Lujosa"** y **"Confortable"** son las destinadas a atender al **NSE ABC1.** Ahora bien, cotejando dicho cuadro con el que precede a este párrafo podemos advertir que esta clase está sobre atendida, pues se construyen anualmente unas **57.800 viviendas** de esas categorías, frente a una demanda de unas **9.730 viviendas** anuales, lo que se explica, por un lado, en el incremento del nivel de ingreso de la clase ABC1 y su consecuente mejora en la categoría habitacional (aumento de la brecha de ingreso) y por otro lado, en la desproporcionada orientación de los inversores que, deseosos de colocar sus activos en ladrillos, han preferido hacerlo en viviendas "premium", lo que puede conducir a una saturación de la oferta de viviendas para el segmento ABC1. [6]

Por el otro lado, la **Clase Media (C2 y C3)**, que tiene una demanda de aproximadamente **69.700 viviendas** anuales, es atendida por la oferta privada (a través de la categoría de viviendas **"Sencilla"**) en sólo **22.200 viviendas**, por lo que no hay suficiente oferta de viviendas anuales para este NSE, provocando que aproximadamente **47.500 familias por año de este segmento no tengan acceso a la vivienda.**

El sencillo análisis que hemos esbozado precedentemente permite advertir dos importantes factores que sumados podrían potenciarse tendiendo a resolver el problema de la vivienda para las clases medias:

- El primero, una alta demanda insatisfecha de un sector que cuenta con cierta capacidad económica, pero baja capacidad financiera
- El segundo, otro sector con una alta capacidad inversora disponible y predispuesto a la inversión en viviendas.

Lo que estamos tratando de resolver es, justamente, sumar ambas necesidades, hallando la metodología que facilite el repago de la vivienda por parte de los compradores demandantes de la clase media y, por el otro, la ingeniería financiera que permita canalizar un importante flujo de capital de los inversionistas a la financiación de la vivienda para la clase media y que hoy están invirtiendo en un producto próximo a la sobresaturación.

Nuestro primer intento se centrará en comprobar la capacidad de ahorro y pago de la clase media en análisis.

---

[6] Estas líneas fueron escritas para la primera edición del presente trabajo en Diciembre de 2008. Más recientemente, el 4 de Marzo de 2010, en la Página de la Cámara Inmobiliaria Argentina, puede leerse: "...creció mucho la oferta de propiedades en alquiler durante el año pasado, comentó Nestor Walenten, presidente de la C.I.A. La oferta creció debido a que muchos propietarios que no podían vender ... volcaron sus propiedades al alquiler."

5. CAPACIDAD ECONÓMICA DE LA CLASE MEDIA

A través de la Encuesta Permanente de Hogares (EPH) el INDEC confecciona una serie de Cuadros, donde demuestra, para los aglomerados urbanos, la escala de ingresos individual, del total familiar, del PSH, etc. Dichas escalas están divididas en décimas (INDEC los llama "deciles") del total de personas u hogares analizados.

Así, para el caso del ingreso del total familiar, que es la información que para nuestro estudio interesa, el Cuadro es el siguiente:

HOGARES SEGÚN ESCALA DE INGRESO TOTAL FAMILIAR

Decil N°	Escala de ingreso		Hogares/decil en miles	Población porcentaje	Porcentaje del ingreso	Ingreso medio
	Desde $	Hasta $				
1	40	850	756	10	1,7	597
2	850	1.300	755	10	3,2	1.097
3	1.305	1.728	757	10	4,4	1.522
4	1.730	2.140	756	10	5,6	1.929
5	2.140	2.690	756	10	7,0	2.408
6	2.695	3.300	756	10	8,6	2.974
7	3.300	4.000	756	10	10,6	3.054
8	4.000	5.000	756	10	13,1	4.514
9	5.000	6.800	757	10	16,8	5.783
10	6.800	100.000	756	10	29,0	10.014
			7.205	100,0	100,0	3.440

Fuente: INDEC, EPH - Total de aglomerados urbanos - **CUARTO TRIMESTRE DE 2009**

Si comparamos este Cuadro con el elaborado por la AAM en base a la subdivisión de los NSE y su incidencia porcentual, insertado en el capítulo anterior, podemos advertir que los hogares clasificados en los deciles 7, 8, 9 y 10 son los que se corresponden con los NSE C3, C2 y ABC1.

En tal sentido será de utilidad mostrar un gráfico de la publicación "NSE 2006", elaborado también en base a la EPH del primer trimestre de 2006.

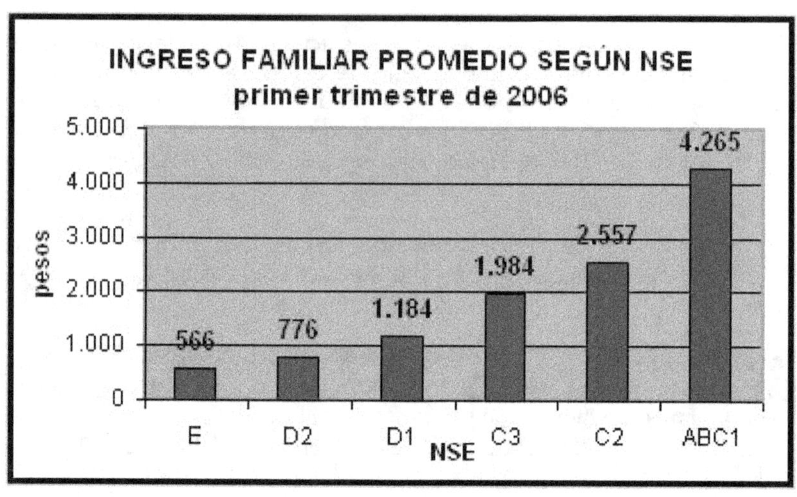

Fuente: Asociación Argentina de Marketing – "NSE 2006"

Los montos detallados en el gráfico corresponden al primer trimestre del año 2006 y representan el promedio de ingresos del grupo familiar. Para comparar este gráfico con el cuadro de la página anterior debemos actualizar sus valores, para lo cual nos valdremos de los Coeficientes de Variación Salarial (CVS) publicados por el INDEC, para el primer trimestre de 2006 y el cuarto trimestre de 2009:

CVS - Feb. 2006	**162,59**
CVS - Nov. 2009	**326,63**
VARIACIÓN (aumento)	**100,89 %**

Utilizando este porcentual actualizaremos los ingresos de los NSE C2 y C3 al cuarto trimestre de 2009.

INGRESOS PROMEDIO - Cuarto trimestre de 2009				
	promedio		mínimo	máximo
NSE C3	$ 4.000	Decil 7	$ 3.300	$ 4.000
		Decil 8	$ 4.000	$ 5.000
NSE C2	$ 5.140			
		Decil 9	$ 5.000	$ 6.800

Actualizaremos los datos de cuadro precedente con los datos obtenibles antes de cierre de esta edición, al mes de **abril de 2010**, utilizando los CVS correspondientes a los meses de noviembre de 2009 y abril de 2010[7], veamos:

CVS - Nov. 2009	**326,63**
CVS - Abr. 2010	**350,57**
VARIACIÓN (aumento)	**7,33 %**

Utilizando este nuevo porcentual comparamos los ingresos de ambos sistemas para los NSE C2 y C3 y para los deciles 7, 8 y 9 a abril de 2010.

INGRESOS PROMEDIO - ABRIL de 2010				
	promedio		mínimo	máximo
NSE C3	$ 4.300	Decil 7	$ 3.540	$ 4.300
		Decil 8	$ 4.300	$ 5.370
NSE C2	$ 5.520			
		Decil 9	$ 5.370	$ 7.300

Redondeando estos valores y teniendo en cuenta que las cuotas hipotecarias alcanzan generalmente como máximo al

---

[7] Los CVS más recientes publicados por el INDEC son provisorios, por lo que es normal que luego de transcurridos algunos meses al publicar los datos definitivos se verifiquen pequeñas diferencias.

treinta por ciento de los ingresos del grupo familiar podemos elaborar el cuadro que sigue, **a Abril de.2010:**

CAPACIDAD DE PAGO - ABRIL de 2010				
CLASE	Ingreso familiar		cuota (30 %)	
	mínimo	máximo	mínima	máxima
MEDIA BAJA	$ 3.540	$ 5.370	$ 1.060	$ 1.610
MEDIA TÍPICA	$ 5.370	$ 7.300	$ 1.610	$ 2.190

Ahora que conocemos sus necesidades y su capacidad económica veamos cómo ayudar a estas familias para que tengan acceso a una vivienda y sean propietarios de la misma.

38

6. EL CRÉDITO HIPOTECARIO EN LA ARGENTINA

Es sabido que el problema de la vivienda en la Argentina tomó envergadura a partir de la gran inmigración iniciada en el último cuarto del siglo XIX, provocando que la población de la ciudad de Buenos Aires creciera un **742%** entre 1869 y 1914 y que en el año 1887 el 25% de su población viviera en conventillos. [8]

No nos detendremos en este tema, a pesar del interés que suscita; sólo mencionaremos que el Congreso Nacional, el 5 de octubre de 1915 sancionó la **ley 9677** creadora de la Comisión Nacional de Casas Baratas destinada a construir viviendas para obreros (conocida como ley Cafferata, por su impulsor el diputado Juan F. Cafferata, que diera nombre además al primer barrio de 161 casas construido bajo esa ley, aun existente entre las avenidas Asamblea y J. M. Moreno y las calles Estrada y Riglos y popularizado por Pascual Contursi en el famoso tango "Ventanita de Arrabal".

Llama la atención que desde su creación, hasta el año 1943, fecha en que dejó de funcionar, la Comisión entregó un total de **1095 viviendas** [9], lo que evidencia el bajo interés de las autoridades públicas en atender el problema de la vivienda obrera.

Al respecto Scobie sostiene que: "... *Las empresas privadas de construcción de casas baratas generalmente tenían más éxito que las financiadas y administradas por el Estado.*" En tal sentido dicho autor nos informa ..."*Las entidades públicas de crédito continuaron ajenas a negocios vinculados con la propiedad urbana y con pequeños prestatarios. De las hipotecas otorgadas por el Banco Hipotecario Nacional desde 1903 a 1908 el 90 % fueron*

---

[8] Francis Korn, 'Buenos Aires – Mundos Particulares', Editorial Sudamericana, Buenos Aires, 2004, p.11.
La Dir. Gral de Patrimonio del Gobierno de la Ciudad de Buenos Aires calcula ese porcentaje en el 27% para el mismo año; ver 'Buenos Aires Pasaje Cultural' en www.dgpatrimonio.buenosaires.gov.ar.
[9] Margarita Gutman y Jorge Enrique Hardoy, 'Buenos Aires – 1536-2006' Editorial Infinito, Buenos Aires 2007, p. 168

para propiedades rurales" Y ampliando ambos concepto Scobie brinda nombres y ejemplos de empresas privadas y cooperativas dedicadas a la construcción de viviendas para obreros, como por ejemplo El Banco Constructor del Plata que construyó 150 casas en la Av. Montes de Oca; la Casa Popular Propia, que terminó más de 300 en Caballito; el Hogar Obrero, fundado en 1905, que ya para 1913 había terminado 192 casas; la Constructora Nacional, la Sociedad de Edificación y Ahorro "La Propiedad", La Edificadora Económica, el Banco Familiar, El Hogar para Todos, etc. etc.[10]

Scobie también destaca la importante contribución que realizaran las compañías inmobiliarias con la venta de lotes financiados a largos plazos, por ej. en hasta 80 mensualidades, por medio de importantes remates, ...*"El crédito mas utilizado por el pequeño comprador provino de los rematadores de grandes extensiones de la ciudad."* ...*"Un remate típico realizado al Oeste de Flores vendió rápidamente 100 lotes de 10 metros de frente y fondo entre 35 y 45 metros por un precio promedio de un peso el metro cuadrado, pagadero en más de 80 mensualidades. Como ventajas suplementarias se anunciaban una escuela del Estado a cuatro cuadras de distancia, calles pavimentadas a sólo 500 metros y un tranvía eléctrico en las proximidades."*[11]

Esto explica que para el año 1904 la proporción de habitantes que vivían en conventillos había descendido al 14 % y para 1919 al 9% [12].

Lo cierto es que el Banco Hipotecario Nacional tuvo muchos altibajos en el otorgamiento de créditos para el sector obrero; cabe recordar que a partir de 1886, con la sanción de la ley 1804, el banco activó la emisión de la Cédula Hipotecaria Argentina (CHA) para captar el ahorro doméstico y facilitar el crédito. Si bien la crisis de 1890 provocó serias dificultades al Banco Hipotecario, durante el gobierno de Carlos Pellegrini el banco comenzó a recuperarse hasta que a partir de 1910 las CHA tuvieron gran aceptación, dada la gran estabilidad del peso. Hay que tener presente que **la mayoría**

---

[10] James R. Scobie, 'Buenos Aires del Centro a los Barrios', Ediciones Solar, 1ª edición argentina 1976, en Oxford Universitary Press, 1974, pag. 245.
[11] James R. Scobie, op. cit. pags. 235 y 236.
[12] Francis Korn, op. cit., pag. 13

40

de la población no contaba con jubilación, por lo que la CHA era un instrumento útil para obtener una renta de retiro. [13]

El banco otorgaba créditos por el 50 % del valor del terreno, que era la primera garantía que se exigía al deudor, y luego para la construcción de la casa. La tasa de interés era del 6 % anual; en 1933 fue reducida al 5 % y en 1941 al 4 % anual. [14]

Mediante el decreto 8503/46 el Poder Ejecutivo nacionalizó el Banco Central; posteriormente se le dio nueva Carta Orgánica a los bancos oficiales, entre ellos el Banco Hipotecario y el 22 de junio de 1946 el Banco Central dispuso el rescate de las CHA, en efectivo, a la par y con los intereses corridos hasta el 30 de junio de ese año.[15]

A partir de esa fecha el Banco Hipotecario se fondearía a través del Banco Central y destinaría sus créditos a las personas menos pudientes, preferentemente jefes de familia, obreros o trabajadores, o a cooperativas y mutuales, orientados especialmente a construir casas de departamentos o casas para alquilar a precios reducidos.

Es necesario destacar que en 1943 el 82% de la población de la ciudad de Buenos Aires vivía en condición de inquilinos [16], cuando se promulgó el decreto 1580/43 que rebajaba los alquileres e impedía los desalojos, lo que alteró sensiblemente las relaciones jurídicas de las locaciones urbanas. Ese criterio fue reiterado con posteriores decretos y leyes en 1946, hasta que en 1947 se promulgó la ley 12.998 que suspendía los desalojos hasta el 30 de junio de 1949. [17]

---

[13] Roberto Cortés Conde en la Conferencia dictada el 27 de noviembre de 2007 durante la Convención organizada por el B.C.R.A.

[14] Id., id.

[15] Horacio Gaggero y Alicia Garro, 'Del trabajo a casa', Editorial Biblos, Buenos Aires 1996, pag. 25

[16] Anahí Ballent, 'Las huellas de la política', Editorial Prometeo, Buenos Aires, 2005, pag. 42, establece ese porcentaje en el 82,44%; Margarita Gutman y Jorge E. Hardoy en 'Buenos Aires', op. cit., pag. 180, mencionan el dato complementario de que sólo el 17,6% eran propietarios de su viviendas.

[17] Francis Korn, 'Buenos Aires Mundos Particulares', op. cit., pag. 178

Pero el 13 de octubre de 1948 se sancionó la ley 13.512 de Propiedad Horizontal, lo que dio pie al cambio de la mayoritaria figura del locatario por la del propietario. Según el arquitecto Fernández Wagner, entre los años 1947 y 1957 el entonces Banco Hipotecario Nacional otorgó 390.000 créditos a los sectores medios y medios bajos de la Argentina [18], en tanto Anahí Ballent fija esa cifra en 330.000 créditos, pero entre los años 1949 y 1955 [19].

Igualmente, Gutman y Hardoy sostienen: " ... *La sanción de la Ley de Propiedad Horizontal, mencionada anteriormente, flexibilizó el acceso a la propiedad inmobiliaria y el uso del suelo urbano. Con los alquileres congelados, muchos propietarios de inmuebles vendieron las viviendas a precios ventajosos para los inquilinos." ... "Los efectos de ambas leyes pueden medirse en el aumento del porcentaje de viviendas en propiedad en la Capital entre 1947 y 1960, del 17,6% de viviendas ocupadas en 1947 por propietarios, se pasó en 1960 al 45,6%." ... "El instrumento básico fue el Banco Hipotecario Nacional, quien desde la reforma bancaria de 1946 se transformó en el organismo responsable del crédito para la vivienda." ... "Además del otorgamiento de pequeños créditos con amplias facilidades para la construcción de viviendas en forma individual, también promovió el Banco Hipotecario Nacional la construcción directa de viviendas."*[20]

Efectivamente, el Banco tomó también a su cargo, por acción directa, la construcción de viviendas, por lo que para el año 1955 administraba alrededor de 4.491 viviendas, 2.779 de ellas dadas en locación y 1.712 vendidas con garantía hipotecaria.[21]

En 1965 se creó la Secretaría de Estado de Planeamiento y Vivienda, y en 1969 el Secretario del área era a la vez presidente del Banco Hipotecario Nacional, institución que recuperó su autonomía en el año 1970, volviendo a ser el principal actor de la política estatal de viviendas con el Plan VEA hasta fines del año 1972.

A fines de ese año, el 3 de noviembre de 1972, se dictó la ley FONAVI, por lo que el BHN volvió a caer en un periodo errático a pesar de sus esfuerzos por reeditar los Planes "Eva Perón"

---

[18] Arq. Raul Fernández Wagner, Profesor de la Univ. Nac. de Gral Sarmiento, de la Univ. Nac. de Rosario e investigador del Conicet, citado por el Arq. Guillermo Tella con motivo de una entrevista publicada en el diario El Cronista, con el título 'El problema habitacional', el 30 de octubre de 2008.

[19] Anahí Ballent, 'Las huellas de la política', op. cit., pag. 84

[20] Margarita Gutman y Jorge E. Hardoy, 'Buenos Aires', op. cit., pag. 209.

[21] Horacio Gaggero y Alicia Garro, 'Del trabajo a casa', op. cit., pag. 39.

(préstamos para viviendas individuales) [22] y "17 de Octubre" (préstamos para viviendas colectivas), ya que la política de vivienda se circunscribió a la esfera de la Secretaría de Estado, en particular a partir del dictado de la ley 21.581 del 23 de mayo de 1977, modificatoria de la ley FONAVI, que aumentó el aporte patronal sobre todos los salarios del 2,5 al 5% y excluyó al BHN como agente financiero.

La función del Banco Hipotecario volvió a cobrar vigencia a partir de la ley de Convertibilidad sancionada en Abril de 1991 (que impulsó la estabilidad de la moneda, el ahorro, las inversiones y el crédito) y con posterioridad al 22 de Diciembre de 1994 en que se sancionó la **ley 24.441**, llamada del **Financiamiento de la Vivienda y de la Construcción**.

Durante la década de 1980 las compraventas con hipoteca representaron sólo entre el 4 y el 6 % de las escrituras de compraventa anotadas anualmente. A partir de 1991, ello cambió radicalmente, como puede apreciarse en el gráfico que sigue.

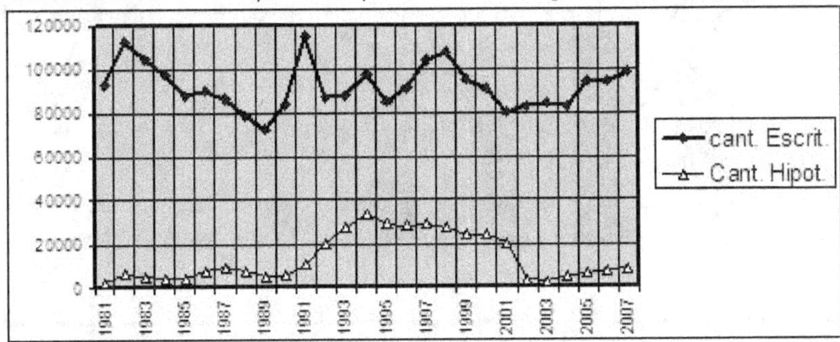

Fuente: Registro de la Propiedad Inmueble de la Ciudad de Buenos Aires.

---

[22] Según Anahí Ballent en 'Las huellas de la política', op. cit., pag. 88, el primer Plan Eva Perón fue implementado por el Banco Hipotecario Nacional en octubre de 1952; sus destinatarios eran obreros y empleados comprendidos en las leyes de previsión social. El interés del crédito era del 4,5% y la cuota no podía superar el 30% del salario. El Banco entregaba a los adjudicatarios una carpeta técnica conteniendo planos normalizados de la vivienda que debía construirse. Más recientemente, el 27 de marzo de 2006, en el Salón Blanco de la Casa de Gobierno, el Banco lanzó una nueva línea de crédito basado -según su presidente, la Lic. Clarisa Lifsic- en el Plan Eva Perón, al que denominó Plan Casa Propia (cuyo único parecido con aquél plan era la entrega de una carpeta con planos), previéndose la construcción de 14.000 viviendas. Se construyeron 70.

A pesar de que durante la segunda mitad de los 90 el crédito hipotecario experimentó un avance formidable con respecto a los años precedentes (merced a la convertibilidad y a la ley 24.441), luego del lanzamiento realizado por el BHN el 28 de Marzo de 1996 de la nueva línea que llamó **"Acceso Inmediato"** para adquisición de viviendas a los asalariados a un plazo de 15 años y tasa del 11%, ese comportamiento estaba muy distante de los estándares de otros países, aún de Latinoamérica, lo que puede apreciarse en el gráfico que sigue.

PENETRACIÓN DE LOS PRÉSTAMOS HIPOTECARIOS

Monto en préstamos hipotecarios sobre producto bruto interno - 1996

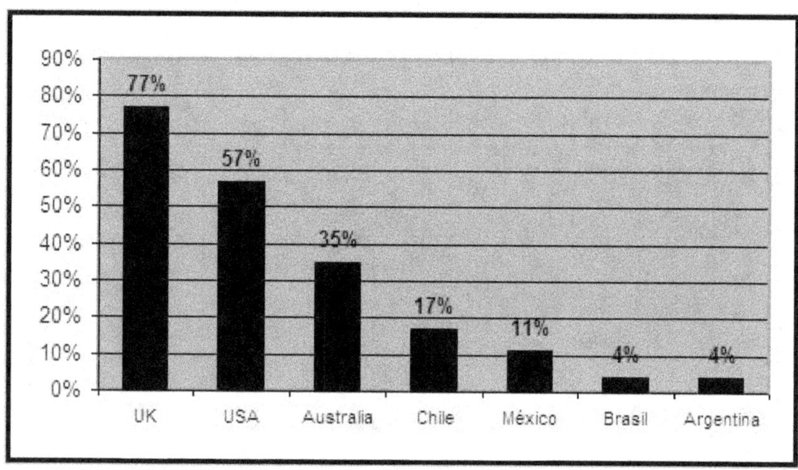

Fuente: Banco Hipotecario S.A. – Memoria Anual 1998

A partir del año 1997 el crédito hipotecario comenzó a declinar, como se observa en el gráfico de la página anterior. Varios fueron los factores que influyeron en tal comportamiento, el primero de ellos fue la sanción de la ley 24 855 del 2 de Julio de 1997, la que en su Capítulo III, Artículo 15 disponía la privatización del Banco Hipotecario Nacional, sobre la cual CAVERA planteó serias objeciones, habida cuenta el rol fundamental que dicho Banco debía cumplir, y cumplía, a favor del acceso a la vivienda de la clase media argentina, en particular con posterioridad a la sanción de las leyes 13.512 y 24.441.

44

Otros factores fueron las crisis externas mexicana y asiática, y el derrumbe final se produjo con la célebre crisis argentina de los años 2001-2002.

Dos años después de esa espantosa crisis, el 15 de Junio de 2004, el Banco Hipotecario, ahora con su nueva entidad como Sociedad Anónima, volvió a operar con Cédulas Hipotecarias, lanzando la primera emisión de CHA por 500 millones de pesos que sirvieron para otorgar nuevos créditos, buscando fondearse entre las AFJP, fondos de inversión, compañías de seguros e inversores privados, a través de los bancos Río y de Valores. Una segunda emisión por $ 100 millones se lanzó pocos meses después; las series III, IV y V se lanzaron en el año 2005 y las VI, VII y VIII en el año 2006.

El objetivo del BHSA es que la tenencia de las cédulas entre particulares concede el derecho a acceder a créditos hipotecarios en condiciones preferenciales, como ser: una mejora en la tasa de 0,5 a 1 punto, un alza en la proporción prestable y una rebaja en las comisiones.

Para cada emisión de las cédulas el BHSA constituyó sendos fideicomisos en base a créditos hipotecarios previamente calificados por una calificadora de riesgo (Standard & Poor's en la Serie I), actuando el Deutsche Bank como agente fiduciario.

Quien sienta curiosidad por conocer el atractivo de estas cédulas trate de encontrar algún poseedor privado de las mismas y pregúntele qué puede hacer con ellas.

Es probable que a la luz de lo acontecido en USA y la CEE con el mercado de hipotecas, debamos celebrar la baja incidencia que el mismo tiene en nuestra economía, pero consideramos que ambos extremos son indeseables y además que no fue el mercado de hipotecas el origen de lo que sencillamente estalló en esas comunidades.

7. HIPOTECA, TITULIZACIÓN Y SECURITIZACIÓN

No es necesario recurrir a instrumentos novedosos para diseñar un sistema integral de financiamiento de la vivienda, ya que todas las herramientas necesarias para tal fin existen desde hace largo tiempo en el marco jurídico financiero de la Argentina.

Sólo dos cosas importantes debemos tener en cuenta: por un lado la existencia de un mercado demandante inmenso, derivado de la necesidad insatisfecha de cientos de miles de argentinos que claman por la posesión de una vivienda digna y que pueden pagarla en tanto se les brinde las condiciones crediticias para hacerlo y, por el otro, la disponibilidad financiera de miles de inversores que gustosamente colocarían sus ahorros en la financiación de viviendas en tanto ese negocio sea, sencillamente, rentable y seguro.

Resulta claro que en nuestro país el problema de la financiación de la vivienda no está originado ni en la falta de instrumentos jurídicos ni en la falta del capital y de los fondos necesarios, sino en trabas reglamentarias y burocráticas, o sistémicas (la falta de confianza en la economía argentina, la persistente inflación, la falta de respeto a las normas jurídicas) que impiden o, al menos, obstruyen la aplicación de soluciones que deberían resultar de fácil implementación.

El Código Civil argentino, escrito por Dalmacio Vélez Sarsfield y sancionado mediante la ley 340 del 25 de Septiembre de 1869, trata sobre la hipoteca en su Título XIV, desde el Artículo 3.108 hasta el 3.203, definiéndola en el art. 3.108 como " *... el derecho real constituido en seguridad de un crédito en dinero, sobre los bienes inmuebles, que continúan en poder del deudor.*"

"*Art. 3.109. No puede constituirse hipoteca sino sobre cosas inmuebles, especial y expresamente determinadas, por una suma de dinero también cierta y determinada...*"

"*Art. 3.119. Para constituir una hipoteca, es necesario ser propietario del inmueble y tener la capacidad de enajenar bienes inmuebles.*"

"*Art. 3.128. La hipoteca sólo puede ser constituida por escritura pública ...*"

Como vemos, para originar una hipoteca hacen falta tres elementos esenciales:

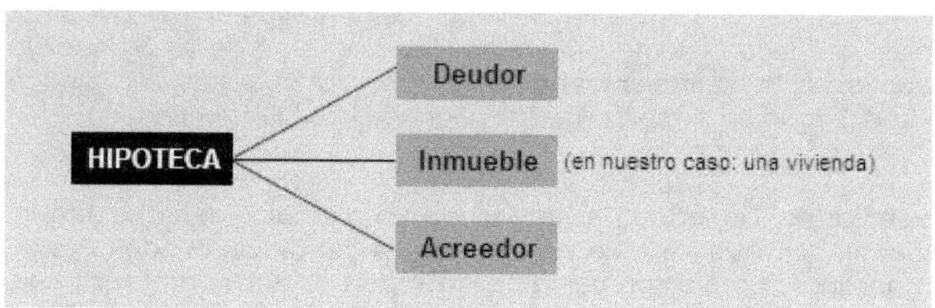

Como en nuestro análisis nos estamos refiriendo no a una sino a muchas hipotecas, hará falta la intervención de una Originante de Hipotecas (es decir una entidad capaz de originar muchas hipotecas), figura que habitualmente es asumida por instituciones bancarias, configurándose así el **mercado primario** de originación hipotecaria.

Para la originación de hipotecas es necesario cumplimentar una serie de requisitos que los compradores o futuros deudores deben satisfacer y que a modo de ejemplo enumeramos a continuación:

- **Anticipo:** (down payment) dependiendo del porcentaje de financiación, en el mejor de los casos será de alrededor del 20% del precio de la vivienda, a integrar habitualmente desde la firma del boleto y antes de la posesión de la unidad
- **Relación Cuota – Ingreso:** la cuota del crédito generalmente no podrá superar el 30% del Ingreso del deudor o deudores.
- **Edad del deudor:** máximo 65 años a la finalización del plazo del crédito
- **Ingresos demostrables:** para la relación de dependencia: recibos de sueldo, certificado laboral; para los autónomos: inscripción en la AFIP, DD. JJ. de Ganancias, constancia de pago de aportes, etc.

Las entidades bancarias suelen fondear los créditos hipotecarios basándose solamente en su propia capacidad prestable, en función de los depósitos provenientes de su clientela, depósitos que normalmente son de corto plazo, como lo demuestra el Banco Central en su informe diario de depósitos al 28 de Noviembre de 2008. (del total de los depósitos bancarios a esa fecha el 50% estaban en cuenta corriente y caja de ahorro y 40% en plazos fijos menores a 180 días).

Por ese motivo, y con el objeto de ampliar su capacidad de financiamiento, los bancos buscan otras fuentes de recursos a través del **mercado secundario**, que orienta fondos provenientes de inversores privados e institucionales que invertirán por medio de la bolsa de comercio, fondos comunes de inversión, etc., entre otros activos, en créditos hipotecarios previamente titulizados (emisión de títulos valores).

A los efectos de permitir la titulización, los créditos individuales deberán ser estandarizados asegurando así la homogeneización de las escrituras hipotecarias. Entre otras relaciones técnicas, se deberá homogeneizar, por ejemplo:

- **Porcentaje de Financiación**: generalmente entre el 70 y 80% del valor de la vivienda como máximo
- **Plazos:** los plazos pueden ir desde un mínimo de 5 años hasta un máximo de 25 años, según la entidad (bancos con líneas que han llegado recientemente a los 25 años: Santander Río, BBVA, BHSA)
- **Tasas:** La tasa puede ser fija o variable, lo que en la mayoría de los casos depende del plazo; para plazos largos es sin excepción variable; las hay combinadas: los primeros años fija y luego variable
- **Sistema de amortización:** francés, alemán, otros
- **Interés por mora**
- **Cancelaciones** parciales o totales, condiciones y comisiones
- **Seguros** de incendio y de vida
- **Cambios de titularidad**

Conceptualmente podemos decir que la **securitización** no es más que la **titulización** de las hipotecas debidamente homogeneizadas, a fin de facilitar la emisión de **títulos valores** respaldados por el conjunto de activos transferidos (en nuestro caso los títulos hipotecarios) facilitando así su colocación entre **inversores** del mercado de capitales, lo que permite aumentar la liquidez de las entidades emisoras de los créditos.

La ley 24.441 del Financiamiento de la Vivienda y la Construcción, a la que hiciéramos mención en el Capítulo anterior, comienza diciendo en su Artículo 1°: *"Habrá fideicomiso cuando una persona (**fiduciante**) transmita la propiedad fiduciaria de bienes determinados a otra (**fiduciario**), quien se obliga a ejercerla en beneficio de quien se designe en el contrato (**beneficiario**) y a transmitirlo al cumplimiento de un plazo o condición al fiduciante, al beneficiario o al fideicomisario."*

El caso más sencillo para ejemplificar el fideicomiso es el del abuelo cuyo único heredero es un nieto menor de edad; próximo a morir, el abuelo (fiduciante) decide transmitir su campo en propiedad fiduciaria a una persona de su mayor confianza (fiduciario), para que éste lo administre hasta que su nieto (beneficiario) cumpla la mayoría de edad (plazo o condición). Una de las más importantes cualidades del fideicomiso es que los bienes fideicomitidos estarán exentos de los riesgos económicos del fiduciante y del fiduciario (convocatoria, quiebra, etc.).

Esta Ley dedica su Título III a las Letras Hipotecarias, que define en su Artículo 35° diciendo: *"Las letras hipotecarias son títulos valores con garantía hipotecaria."* dedicando una serie de artículos a detallar las condiciones de emisión, transmisión, ejecución, cancelación, etc. de las letras hipotecarias, terminando el Título con el Artículo 49° que dice: *"Las personas autorizadas a hacer oferta pública como fiduciarios o a administrar fondos comunes de inversión, podrán emitir títulos de participación que tengan como garantía Letras Hipotecarias o constituir fondos comunes con ellos, conforme las disposiciones reglamentarias que se dicten."*

Cabe comentar que la mencionada ley dedica el Capítulo IV de su Título I al Fideicomiso Financiero, que define en su Artículo 19° como: *"Fideicomiso financiero es aquel contrato de fideicomiso sujeto a las reglas precedentes, en el cual el fiduciario es una entidad financiera o una sociedad especialmente autorizada por la Comisión Nacional de Valores para actuar como fiduciario financiero, y beneficiarios son los titulares de certificados de participación en el dominio fiduciario o de títulos representativos de deuda garantizados con los bienes así transmitidos.*
Dichos certificados de participación y títulos de deuda serán considerados títulos valores y podrán ser objeto de oferta pública."

Hemos extractado, en forma aparentemente desordenada, diversos artículos de la ley 24.441, porque sus alcances son la base del esquema financiero descripto.

La participación de los distintos actores en el sistema crediticio comentado podemos esquematizarlo como sigue:

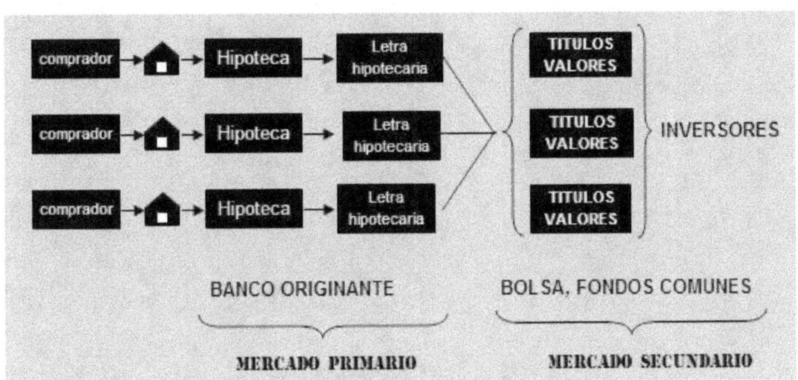

Los objetivos de la securitización son varios: el primero y más importante es poner en contacto a los inversores con los tomadores de dinero y diversificar las fuentes de financiamiento; luego el reducir los márgenes por intermediación, dado que se eliminan los spreads bancarios y financieros y se logra aproximar la tasa activa a la pasiva, ya que la intervención del banco se reduce a una comisión por la administración de los fondos fiduciarios; por otro lado se reduce el riesgo crediticio, merced a la atomización de los títulos de deuda.

Además, cabe destacar que hay bancos que, más allá de su rol como originantes, cuentan con la capacidad suficiente como para emitir sus propios títulos valores y acceder al mercado inversor a través de la oferta pública de los mismos.

Por otro lado, algunas entidades transfieren su cartera de hipotecas a un fondo fiduciario, constituyendo así un patrimonio separado de su propio patrimonio, lo cual le otorga una mayor garantía a los inversores y tenedores de los títulos.

8. EL PRECIO DE LAS VIVIENDAS

Para continuar con nuestro análisis necesariamente debemos referirnos a los precios de las viviendas destinadas a atender la demanda de la clase media. Consecuentemente, lo primero que debemos definir son los estándares de las viviendas para ese NSE.

En el Capítulo 2 insertamos un cuadro con las categorías de las viviendas construidas anualmente en la ciudad de Buenos Aires e incluimos las especificaciones que la Dirección de Estadísticas y Censos de la Ciudad de Buenos Aires detalla para cada una de esas categorías. En base a las mismas entendemos que la definida como **Sencilla** encuadra perfectamente con la demanda de los NSE C2 y C3.

Si bien el promedio de metros cuadrados cubiertos indicados en el Cuadro del capítulo 2 para esta categoría de vivienda es de 78 m2, hemos calculado que una vivienda de dos ambientes, es decir de **un dormitorio**, estar-comedor, baño, cocina, lavadero y balcón, incluyendo superficie de paredes exteriores, paredes entre departamentos, paredes interiores, superficies comunes (entrada del edificio, escalera, pasillo de piso, sala de máquinas, portería, etc.) y cumpliendo con las normas del Código de la Edificación de la Ciudad de Buenos Aires, tendrá aproximadamente un total de **60 metros cuadrados**.

En las mismas condiciones, un departamento de tres ambientes, es decir **2 dormitorios**, tendrá una superficie cubierta total de aproximadamente **75 metros cuadrados**. Por lo tanto estas superficies son las que adoptaremos para nuestros cálculos.

1 DORMITORIO	Superficie Cub. Total	60 m²
2 DORMITORIOS	Superficie Cub. Total	75 m²

Veamos sus precios: el diario La Nación, en su edición del **29 de Mayo de 2010** daba como precios de venta de departamentos a estrenar, al mes de Mayo de 2010, los siguientes:

- Agronomía   U$S 1.300 a 1.600 /m2
- Balvanera   " 1.200 a 1.600 /m2
- Barracas   " 1.350 a 1.850 /m2
- Boedo   " 1.200 a 1.600/ m2
- Flores   " 1.400 a 1.750 /m2
- Floresta   " 1.200 a 1.550 /m2
- Monserrat   " 1.450 a 1.800 /m2
- Parque Chacabuco   " 1.300 a 1.700 /m2
- Etc.

Igualmente, el diario **Clarín** en su suplemento Arquitectura, del **27 de Abril de 2010**, para ese mismo mes e inmuebles a estrenar informaba de precios en la Capital Federal que van desde un mínimo de U$S 980 /m2 en la Boca, U$S 1.200 en Agronomía, Congreso, Parque Chacabuco, mientras que para el GBA informaba de precios desde U$S 1.050 en San Martín, 1.100 en Caseros y promedios de U$S 1.200 a U$S 1.300 en Morón, Lanús, Avellaneda, Tigre, Haedo, Lomas de Zamora, Quilmes, Florida, Martínez y Ramos Mejía, etc.

El mismo suplemento brindaba precios de departamentos a estrenar en áreas céntricas residenciales en las principales ciudades del país, que van desde los U$S 700 a 850 en Formosa, San Juan, Resistencia y Corrientes, de U$S 900 a 950 en Posadas, S. M. de Tucumán, Salta, Santa Fe y Viedma y de U$S 1.000 a 1.100 en Mendoza, Rosario, Córdoba y La Plata.

Luego de este rápido muestreo conviene recordar que, del total de las viviendas privadas que se construyen en el país el 72% son suntuosas, lujosas o confortables, como vimos en el Capítulo 2 al hablar de las Categorías, por lo que las "amenities" con que son provistas esas viviendas y la ubicación de las mismas influyen sensiblemente en sus precios de venta, y que en nuestro caso estamos adoptando la categoría **sencilla**, lo que nos permite considerar para nuestros análisis dos precios de venta promedio de las viviendas, uno para el **Interior del País** de **U$S 1.000 / m2** y el otro para el **Área Metropolitana de Buenos Aires** de **U$S 1.200 / m2**, con los cual nuestras unidades modelo costarán:

<table>
<tr><td colspan="4">PRECIOS DE VENTA DE DEPARTAMENTOS</td></tr>
<tr><td rowspan="2">INTERIOR</td><td>1 DORM.</td><td>u$s 60.000 =</td><td>$ 232.800</td></tr>
<tr><td>2 DORM.</td><td>u$s 75.000 =</td><td>$ 291.000</td></tr>
<tr><td rowspan="2">AMBA</td><td>1 DORM.</td><td>u$s 72.000 =</td><td>$ 279.360</td></tr>
<tr><td>2 DORM.</td><td>u$s 90.000 =</td><td>$ 349.200</td></tr>
</table>

Dólar: U$S 1 = 3,88 (Tipo de cambio de referencia al 30.04.10 – BCRA)

El precio de U$S 1.200 /m2 de venta de un departamento de calidad estándar en la ciudad de Buenos Aires, lo corroboramos con un sencillo análisis de costos el que, además, nos será útil más adelante

a)	Incidencia del terreno	U$S 220 /m²	$ 853 /m²	(1)
b)	Construcción		$ 2.456 /m²	(2)
c)	Proyecto – Comercialización		$ 270 /m²	(3)
d)	Utilidad (20% sobre suma de a + b + c)		$ 715 /m²	
f)	IVA (10,5% s/suma b+c+d) (II.BB exento por categ.)		$ 361 /m²	

TOTAL   U$S 1.200 /m² =$ 4.655 /m² (4)

*(1): La D.G.E. y C. del Gobierno de la Ciudad a través de su publicación 'Precios de Venta de Terrenos – Mercado Inmobiliario de la Ciudad de Buenos Aires' de ABRIL de 2009, nos informa que para ese mes y año los lotes en los que se puede construir más de 5.001 m2, según las normas del CPU, tenían una incidencia promedio de **U$S 286,60** por metro cuadrado construible, con un máximo de U$S 1.142,90 y un mínimo de **U$S 51,70** por metro cuadrado construible (pag. 36)*
La misma publicación hace un análisis de la variación de los precios de los terrenos, en pesos y en dólares, desde Diciembre de 2001 hasta Marzo de 2009, período durante el cual los terrenos aumentaron su precio en dólares en un 103,6% en promedio, pero observándose durante los años 2007, 2008 y hasta Marzo de 2009 precios relativamente estables (op. cit. pag.11) lo que nos permite predecir un com-

portamiento similar para el año 2009-2010, no obstante lo cual hemos adoptado el precio de U$S 220 / m2 de incidencia del terreno, cuatro veces superior al precio mínimo (aunque muy inferior al máximo, en el entendimiento que éste corresponde a ubicaciones top).

*(2): Precio por metro cuadrado de Construcción según **Modelo 1 al 15 de Mayo de 2010** publicado por la revista 'Vivienda' en su edición N° 575 deJunio de 2010.*

(3): Los honorarios profesionales por proyecto y dirección han sido estimados en base a la Resolución 780/06 del Colegio de arquitectos y los honorarios por comercialización a cargo del vendedor en el 3% del precio final de venta.

(4): Este precio de venta total es estimativo e indicativo y corresponde al metro cuadrado de un edificio de calidad sencilla, según Modelo 1, en un barrio de clase media de la ciudad de Buenos Aires. Para departamentos ubicados en el GBA y ciudades del interior el precio de venta se adecuará a las evaluaciones detalladas más arriba; no obstante para nuestros cálculo hemos adoptado este precio de venta por considerar el caso más desfavorable para nuestros análisis.

Debemos enfrentar ahora el problema de cómo puede una familia de NSE de clase media pagar estos valores. Es lo que trataremos de analizar en el próximo capítulo.

9. LA FORMA DE PAGO DE LA VIVIENDA

En el Capítulo 7, en el que hablamos de las Hipotecas y Titulización, al mencionar los requisitos exigidos por los bancos para el otorgamiento hipotecario, dijimos que normalmente se requiere integrar un monto del orden del 20% al 30% del precio de la vivienda desde la firma del boleto hasta la toma de posesión de la unidad.

Igualmente al referirnos a la estandarización de los créditos y a su titulización, dijimos que la financiación que habitualmente otorgan los bancos es de alrededor del 70 al 80% del precio de venta de la unidad.

Suponiendo un anticipo de 30% y una financiación del 70% del precio de la vivienda por un período de amortización de 20 años, sistema francés, las cuotas a pagar para dos tasas de interés diferentes (**5% y 14,75%**) serían las que se detallan a continuación:

Ubicación	Dorm.	Venta	30%	70%	interés	cuota pura
Interior del país	1	232.800	69.840	162.960	5,00%	1.075,46
					14,75%	2.115,80
	2	291.000	87.300	203.700	5,00%	1.344,33
					14,75%	2.644,75
AMBA	1	279.360	83.808	195.552	5,00%	1.290,56
					14,75%	2.538,96
	2	349.200	104.760	244.440	5,00%	1.613,20
					14,75%	3.173,70

La tasa del **5%** es nuestra propuesta, en tanto que la tasa del **14,75%** TNA, fue la adoptada por nosotros en la primera edición de este trabajo por corresponder a créditos hipotecarios ofrecidos por algunos bancos en Diciembre de 2008, debiendo destacar que el **B.C.R.A.** informó que la **tasa promedio ponderado por**

monto, al mes de Noviembre de 2008, era de 14,91 % fija repactable (entiéndase variable) **para créditos hipotecarios a más de 10 años de plazo.** Al reeditar este trabajo comprobamos que dicha tasa conserva plena vigencia y que para los créditos a 20 años a tasa fija suele ser sensiblemente más alta (quien desee comprobarlo no tiene más que ingresar en la página del **Banco Central**, en la casilla de **Régimen de Transparencia**)

Es necesario advertir que sobre las cuotas puras indicadas se deberá adicionar **gastos administrativos**, que generalmente varían entre el 2 y 3% de la cuota, más el **seguro de vida**, que será del orden del 0,5 al 1,5 por mil mensual del saldo del capital adeudado y más **seguro de incendio**, que resultará aproximadamente el 6 por mil anual calculado sobre el mismo saldo. Sumando todo ello las cuotas resultarán, para el caso de la **tasa del 5% anual a 20 años de plazo y para una vivienda en el Interior del país:**

CUOTA MENSUAL TOTAL (inicial)		
1 DORMITORIO	cuota pura	1.075,46
	costo adm.	21,51
	seguro vida	195,55
	seg.incendio	81,48
	TOTAL	**1.374,00**
2 DORMITORIOS	cuota pura	1.344,33
	costo adm.	26,89
	seguro vida	244,44
	seg.incendio	101,85
	TOTAL	**1.717,51**

Incorporamos en la siguiente página un grupo de cuadros, con alternativas de créditos para unidades en el AMBA y en el Interior del país, con tasas del 5% y del 14,75% y con plazos de 20 y 25 años; las cuotas incluyen amortización, intereses, costo administrativo del 2% de la cuota, seguro de vida del 1,2‰ mensual y seguro de incendio del 6‰ anual:

CUOTA MENSUAL TOTAL (inicial) con TASA del 5%			
UBICACIÓN	DORM.	PLAZO	
		20 AÑOS	25 AÑOS
Interior	1	1.374,01	1.248,73
	2	1.717,51	1.560,92
AMBA	1	1.648,81	1.498,48
	2	2.061,01	1.873,10

CUOTA MENSUAL TOTAL (inicial) con TASA del 14,75%			
UBICACIÓN	DORM.	PLAZO	
		20 AÑOS	25 AÑOS
Interior	1	2.435,15	2.373,83
	2	3.043,93	2.967,29
AMBA	1	2.922,18	2.848,59
	2	3.652,72	3.560,74

Si comparamos el monto de las cuotas detalladas en los dos cuadros precedentes con las cuotas máximas calculadas según el cuadro de CAPACIDAD DE PAGO inserto en el capítulo 5, concluiremos que las cuotas con la tasa del **14,75%** serán imposibles de pagar para las familias de Clase Media, tanto Baja como Típica, (C3 y C2). Por el contrario, las cuotas con la tasa del **5%** anual resultan compatibles con los ingresos de ambos NSE, presentándose alguna limitación en los niveles más bajos del 7° decil, por lo que este grupo social deberá ser asistido con una reducción del saldo a pagar por medio de un mayor anticipo.

Es de destacar además la escasa diferencia que hay entre el monto de las cuotas a plazos de 20 y de 25 años, diferencia que resulta insignificante para las tasas más elevadas.

También deberá prestarse especial atención a los cargos administrativos y de seguros de vida e incendio, pues para las cuotas calculadas con la tasa del 5% llegan a representar aproximadamente entre el 22% y el 28% de las mismas (según se lo calcule sobre la cuota total o sobre la cuota pura), lo que induce a sugerir que los seguros de vida e incendio sean atendidos o subsidiados por el Estado a fin de reducir su incidencia en las cuotas.

No podemos dejar de mencionar, además, que no hemos tenido en cuenta en nuestros análisis un **seguro de desempleo**, que en general los bancos no lo exigen, en el entendimiento de que en caso de ser necesario implementarlo, el mismo debería ser cubierto por el Estado.

Llegados a este punto de nuestro estudio, debemos hacernos la pregunta: ¿cómo lograr que la clase media pueda pagar hasta el 30% del valor de la vivienda como anticipo y cómo lograr que los bancos cobren tasas del 5% anual?

10. EL PAGO DEL ANTICIPO

El anticipo requerido por los bancos oscila entre el 20 y el 30% del precio de venta de las unidades. Adoptaremos el caso más desfavorable, donde se exigirá el 30% de anticipo, que si bien representa un esfuerzo inicial mayor, contribuirá para reducir las cuotas del préstamo. Pero las familias de los NSE en análisis, difícilmente tengan capacidad de ahorro para lograr economizar de su presupuesto familiar, en un tiempo no demasiado prolongado, la cantidad de dinero necesaria para pagar dicho anticipo, sobre todo si están afrontando el pago de un alquiler.

Es aquí donde la presencia del Estado se hace necesaria. La asistencia del estado debería alcanzar a cubrir, como mínimo, hasta el 20% (veinte por ciento) del valor de la unidad a adquirir. El beneficiario de esa asistencia debería aportar el 10% (diez por ciento) restante para cubrir el total del anticipo requerido.

Nuestra propuesta se basa en que ese 20% a cargo del Estado, esté integrado por un subsidio no retornable del 14% del precio de la vivienda y el 6% restante por medio de un préstamo reintegrable a cargo de la ANSES. Y, como veremos, esa asistencia del Estado no será gravosa para el mismo; es decir, el Estado contará con recursos adicionales que le permitirán afrontar las erogaciones correspondientes al 14% de la asistencia a aportar.

El primer ingreso genuino para el Estado será el correspondiente al IVA sobre la venta de las unidades, aunque su percepción se iniciará con la venta de los materiales para la construcción. En el capítulo 8 al hablar del Precio de las Viviendas insertamos un cuadro detallando la conformación de precio de una vivienda estándar en la ciudad de Buenos Aires, donde confirmamos el precio de U\$S 1.200 /m², o sea aproximadamente \$ 4.655 /m² y en el que el IVA incidía en **\$ 361 /m²**.

El otro ingreso que debemos tener en cuenta será la recaudación adicional que en concepto de impuesto a las ganancias ingresará al erario, que aplicada sobre la utilidad estimada en el cuadro final del capítulo 8 resultará el 35% de $ 715 / m2 = **$ 250,25 / m².**

La suma de estos dos conceptos dará:

IVA	**$ 361,00 /m²**
Impuesto a la Ganancias	**$ 250,25 /m²**
TOTAL DE INGRESOS EXTRAS	**$ 611,25 /m²**

Anticipo	**14%**	**x**	**$ 4655 /m²**	**=**	**$ 651,70 /m²**

DIFERENCIA **($ 40,45 /m²)**

lo que implica que la asistencia del Estado no cubierta por los ingresos compensatorios alcanzará a un promedio de aproximadamente **$ 3.000 por vivienda.**

El aporte de la ANSES para completar el 20% de asistencia del Estado tendrá carácter de préstamo, y **deberá ser devuelto** por los beneficiarios en cuotas similares a las que abonen al banco, una vez completado el pago de las cuotas del crédito otorgado por el mismo, en base a una hipoteca en segundo grado en condiciones similares a las ya utilizadas por algunos Institutos provinciales de vivienda, como es el caso de la Provincia de Buenos Aires con su operatoria de crédito compartido con el B.H.N. según la Resolución 1720 de Junio de 1996 en base al Plan "Solidaridad" y el programa "Provincias".

Este mecanismo le asegurará a la ANSES el recupero de los fondos cedidos para esta financiación y, como veremos, debidamente actualizados y rindiendo una tasa de interés positiva, lo que garantiza que esa erogación sea una inversión rentable para dicho Organismo representando una verdadera salvaguarda para los futuros jubilados.

11. EL PAGO DE LAS CUOTAS

En el capítulo anterior hemos analizado la imposibilidad de las familias de clase media de pagar cuotas hipotecarias con las tasas de mercado, habida cuenta que dichas cuotas promedian el **60% (sesenta por ciento) de su ingreso familiar**, por lo que serán muy pocas las familias que tendrán acceso a créditos con esas tasas.

Resulta innecesario detenernos a detallar las condiciones crediticias de distintos bancos, pues nos encontraremos con propuestas realmente inviables: plazos de amortización del crédito que en su mayoría no superan los 15 años y tasas de interés (TNA) del orden del 15, 17 y hasta 20%, lo que se traduce en cuotas que resultan incompatibles con la capacidad de pago de las familias de clase media.

Por ejemplo, el Banco Ciudad a través de su línea de crédito **"Ciudad Vivienda"** ofrece una tasa (TNA) del **16.47%** (2 puntos superior a la adoptada para nuestros cálculos comparativos) para un crédito a 20 años de plazo, pero la tasa es variable, a la que hay que agregar un 3% por comisión administrativa y el seguro de incendio, ya que el seguro de vida es bonificado.

Como afirmamos en el capítulo 9, sólo las cuotas calculadas en base a tasas de interés anual del orden del 5%, o menores, resultan factibles de ser pagadas por familias del NSE de Clase Media, y aún bajo esas condiciones encontraremos algunas familias, comprendidas dentro del 7° decil, que tendrán inconvenientes para acceder a un crédito de estas características.

Esos casos obligará a que el monto a financiar sea reducido incrementando el anticipo, lo que será factible lograr con una mayor asistencia del Estado, inclusive otorgando una parte del subsidio a fondos perdidos.

Veamos a título de ejemplo un crédito con el 40% de anticipo, donde el 34% sería aporte del Estado (28% como aporte no retornable y 6% en préstamo en 2ª hipoteca) y el 6% a cargo del comprador, y el saldo del precio con un préstamo a 25 años y cuotas calculadas con tasa del 5% anual, incluyendo gastos y seguros:

Ubicación	Dorm.	Venta	40%	60%	cuota
Interior	1	232.800	93.120	139.680	$ 1.177.72
	2	291.000	116.400	174.600	$ 1.472.15

Aún en estas condiciones el decil más bajo tiene dificultades para el acceso a la vivienda, por lo que volvemos a formularnos la pregunta ¿cómo es posible lograr una tasa de interés anual del 5% sobre saldos?

Todos sabemos que los sistemas de amortización tradicionalmente aplicados son dos: el sistema alemán y el sistema francés.

En el **sistema alemán** o de cuota decreciente, el monto de las cuotas se irá reduciendo; esas cuotas están integradas por una amortización constante del capital y un interés que irá decreciendo proporcionalmente al saldo de capital. En el gráfico siguiente hemos esquematizado este sistema para un crédito de $ 100.000 a 20 años de plazo e interés del 5%.

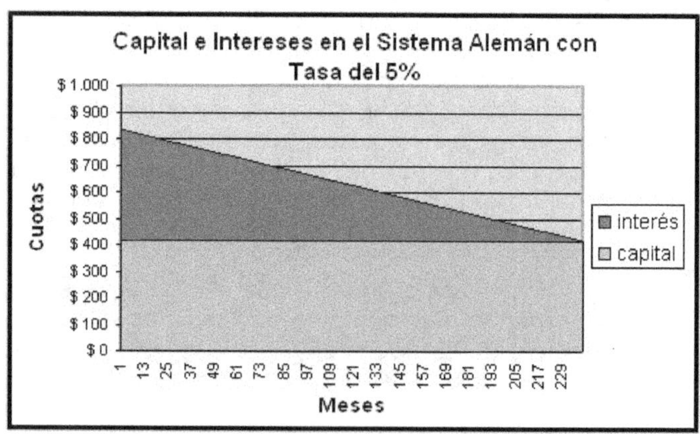

En el **sistema francés** o de cuota constante, todas las cuotas serán iguales, y como las cuotas están integradas por dos componentes: uno la amortización del capital y el otro el interés, en las primeras cuotas la amortización representará una pequeña proporción en tanto la mayor parte corresponderá a intereses. Inversamente, esta proporción se revertirá en las últimas cuotas del crédito.

En el gráfico siguiente hemos esquematizado este sistema para un crédito de **$ 100.000** a **20 años** e interés del **5%**.

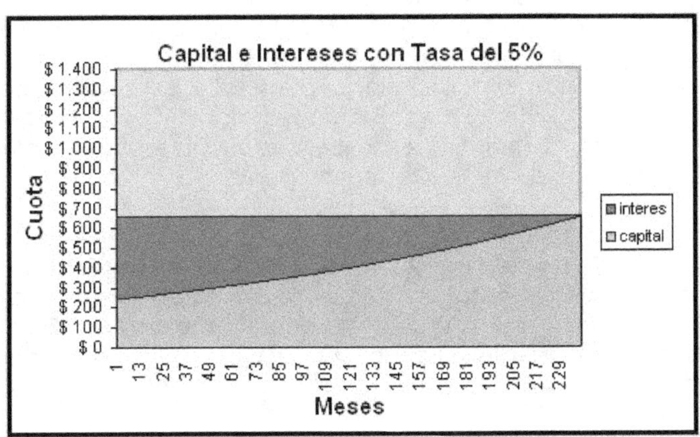

Comparemos ese gráfico con otro para un crédito de **igual monto, igual plazo**, pero con la tasa del **14,75%** TNA.

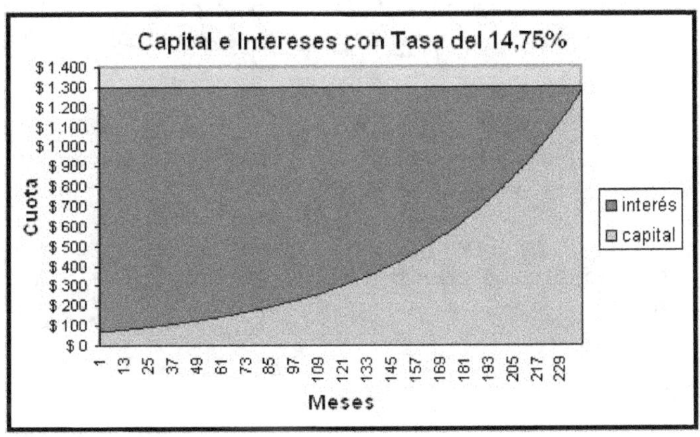

La comparación de ambos gráficos nos exime de todo comentario.

En el caso del sistema alemán, para el mismo crédito, plazo y tasa del **5%** la cuota pura inicial será de **$ 833,33** e irá disminuyendo mensualmente hasta que la última cuota será de **$ 418,40,** alcanzando recién en la cuota 101 igual monto que con el sistema francés (o sea $ 659).

Es indudable que numerosas familias optarían por el sistema alemán, en tanto cuenten con ingresos que les permitan calificar crediticiamente y puedan acceder al pago de las cuotas iniciales sin vicisitudes económicas, pues las cuotas decrecientes generan una verdadera sensación de seguridad y en la práctica la brindan, pero su aplicación se torna impracticable para los créditos hipotecarios por el desinterés de los inversores.

En el caso del sistema francés con TNA del **5%** la cuota pura para un crédito de $ 100.000 a 20 años de plazo será de **$ 659,96** por mes; en el caso de TNA del **14,75%** la cuota pura será de **$ 1.298,36**, es decir prácticamente el doble de la anterior. El sistema francés es masivamente utilizado por los bancos para los créditos hipotecarios.

Pero, teniendo en cuenta que los intereses aplicados para calcular las cuotas con una **tasa (TNA) del 5%** pueden ser significativamente menores a la tasa de inflación anual, resultará imposible encontrar inversores que estén dispuestos a adquirir títulos valores basados en células hipotecarias con esos rendimientos negativos, por lo cual todo nuestro programa se desmoronaría inexorablemente.

La única forma de salvar ese inconveniente será utilizando una **unidad de valor** que garantice la estabilidad y el poder adquisitivo de la unidad monetaria utilizada para el crédito.

En el próximo capítulo nos dedicaremos a analizar más profundamente el, aparentemente, escabroso tema de la unidad de valor.

12. LA UNIDAD DE VALOR

12.1. La moneda

La enciclopedia Espasa Calpe define como moneda al medio o instrumento que desempeña en las relaciones económicas cuatro funciones principales: **unidad de cuenta, medio de cambio, acumulador de valor** y **liberador de deudas**, agregando: *"El desenvolvimiento de la vida mercantil no se podría concebir sin el dinero, ya que sin éste todo cambio se tendría que realizar en puro trueque. Ya de antiguo se dieron cuenta de la ventaja de realizar el cambio a través de una mercancía que, por sus características, fuera ampliamente aceptada. Los pueblos primitivos se sirvieron de mercancías de uso o consumo, como, por ejemplo, pieles, ganado, trigo, armas, etc., para pagar lo que adquirían. Con el descubrimiento de los metales comenzó su uso como moneda. Los pueblos primitivos de Egipto, Caldea y Asiria se sirvieron ya del metal como medio de cambio en sus operaciones comerciales, pero la valoración del metal se hacía por su peso y para obtener exactamente el que se deseaba, muchas veces se tenía que cortar el lingote. Esto condujo, con el tiempo, a la fabricación de lingotes de diferentes medidas, algunas de ellas bastante pequeñas, con el fin de pagar las cosas de poco precio. Más adelante, se les dio una marca oficial, que los convirtió en instrumento de cambio. De este modo el estado vino a dar valor legal a la moneda, y con la acuñación oficial, se garantizaron el peso y la ley."*[23]

Al respecto Adam Smith sostiene: *"Al principio esos metales fueron empleados para esta finalidad en barras toscas, sin sello ni cuño alguno. ... El empleo de los metales en ese estado tan bruto adolecía de dos inconvenientes muy notables: primero, el problema de pesarlos, y segundo, el de contrastarlos. ... Antes de la llegada de la institución de la moneda acuñada, si no pasaban por esta ardua operación, las gentes siempre estaban expuestas a los fraudes y estafas más groseros, y a recibir a cambio de sus bienes no una libra de plata pura, o cobre puro, sino de un compuesto adulterado de los materiales más ordinarios y baratos, pero cuya apariencia exterior se asemejaba a dichos metales. ... Los inconvenientes y dificultades de pesar esos metales con precisión dieron lugar a la institución de las monedas; se suponía que su sello, que cubría por completo ambas*

---

[23] 'Diccionario Enciclopédico Espasa', Editorial Espasa Calpe, Madrid 1978, T. 9, pag. 28.

caras y a veces también los bordes, garantizaba no sólo la finura sino también el peso del metal. "[24]

De las cuatro propiedades que tiene la moneda según la definición dada más arriba, nos detendremos a analizar en particular la referida a la acumulación de valor. En este sentido la moneda es un medio de atesoramiento de riqueza, dado que puede guardarse para atender necesidades futuras ya que debería conservar indefinidamente su valor. Pero veremos que en la práctica esto no ha ocurrido.

Adam Smith sostenía: *"Es raro que el carnicero lleve carne de vaca o de oveja al panadero o al cervecero para cambiarlas por pan o cerveza, sino que las lleva al mercado, donde las intercambia por dinero, y después cambia ese dinero por pan y cerveza. La cantidad de dinero que obtiene por su mercancía regula asimismo la cantidad de pan y cerveza que puede comprar después. ... el oro y la plata, como cualquier otra mercancía, cambian de valor, y a veces son más caros y otras veces más baratos, unas veces más fáciles y otras más difíciles de comprar."* Afirmando más adelante: *"Los príncipes y estados soberanos han creído con frecuencia que su interés temporal era disminuir la cantidad de metal puro contenido en sus monedas; pero muy rara vez han creído que era su interés aumentarla. ... El descubrimiento de las ricas minas de América en el siglo XVI redujo el valor del oro y la plata en Europa a cerca de un tercio del valor que tenían antes."*[25]

Como vemos, el valor de una moneda puede cambiar por acciones de las autoridades encargadas de preservarla o por causas regidas por la economía del mercado.

En tal sentido, Crivelli expresa: *"Los precios de los bienes varían permanentemente en la economía. Esta afirmación es válida para todos los bienes, incluyendo como tales a los bienes materiales e inmateriales, las monedas y el costo financiero. Las razones por las que varía el precio de los bienes son bien conocidas: en primer término, por la variación de la relación entre la oferta y la demanda de bienes. ... En segundo lugar, el cambio de los precios puede producirse por la inflación, esto es, la depreciación de la moneda cuya causa es la emisión monetaria destinada a solventar el déficit fiscal, sin que exista un aumento de la producción de bienes. ... El tercer caso es la devaluación. La devaluación se diferencia de la inflación en que, en ambos casos, existe una pérdida de valor del*

---

[24] Adam Smith, 'La riqueza de las naciones' Alianza Editorial, pag. 57 y ss.
[25] Adam Smith, op. cit. pag. 66.

68

signo monetario, pero en la devaluación, se trata de un acto o hecho que normal-
mente se agota allí o tiene algunas repercusiones adicionales. Después de la deva-
luación, el valor de la moneda vuelve a ser estable. ... Finalmente, también puede
producir variaciones en los precios los cambios en la legislación. No interesa el
lugar que la norma tenga en la pirámide jurídica: leyes, decretos, resoluciones,
cualquier norma puede generar un aumento o disminución de precios. " [26]

12.2. La moneda argentina y su desvalorización

En un rápido repaso de la evolución de la mone-
da en la República Argentina, recordamos la **primer moneda patria**
creada por la Asamblea Constituyente de 1813; la primera emisión
de papel moneda convertible en el año 1822; la declaración de su
curso forzoso e **inconvertibilidad** (por primera vez) el 9 de Enero de
1826 por el Gobernador Las Heras; la promulgación de la ley 733 del
año 1875, creando la moneda de oro de 1,66 gr. y 900 milésimos de
fino (**el peso fuerte**) cuyo valor coincidía con el dólar norteamerica-
no (extraña coincidencia que se repetiría 116 años después).

El 5 de Noviembre de 1881 se dictó la Ley 1130
General de Monedas que establecía el bimetalismo (oro de 1,6129 g
y plata de 25 g.) y en Octubre de 1883 se promulgó la ley 1354 fijan-
do como única moneda fiduciaria el oro y el billete bancario **convertible a la vista.** Por poco tiempo: en Enero de 1885, como consecuencia de la desfavorable balanza comercial, el crecimiento de los
gastos públicos, el pago de los intereses de la deuda, que debió
efectuarse en metálico, el Presidente Roca se vio obligado a **suspender la convertibilidad,** la cotización del oro subió a $ 1,21 papel, lle-
gando en Diciembre a 1,42 pesos papel. Hasta que por fin, el 25 de
Julio de 1890, en vísperas de la revolución del Parque (26.07.1890)
alcanzaría los 3,17 pesos papel por peso oro. [27]

Cualquier semejanza con el siglo XXI es pura coincidencia.

---

[26] Julio Cesar Crivelli, 'El ajuste del precio en la locación de obra', Editorial Abaco, Buenos Aires, 2004.

[27] José María Rosa, 'Historia Argentina', Editorial Oriente, Buenos Aires 1976, t. 8, pp. 239 y 300.

El 4 de Noviembre de 1899, durante el segundo gobierno de Roca, se dictó la **ley 3871 de Conversión.** Al respecto J. M. Rosa dice: *"La conversión del peso nacional a 44 centavos oro (1 peso oro igual a 2,27 pesos nacional) duraría hasta 1929 (salvo los años de la guerra mundial en que fue suspendida). Evitó a los argentinos las angustias del vivir al día, e ignorar la suerte de mañana, hizo bajar el interés del dinero y evitó la desvalorización del salario."* [28]

El 16 de Diciembre de 1929, Hipólito Irigoyen decretó la clausura de la Caja de Conversiones, para evitar la fuga de capitales y la especulación con el oro.[29]

En 1935, durante el gobierno de Agustín P. Justo, el Congreso de la Nación aprobó la creación del Banco Central, para regular, entre otras cosas, el manejo de las divisas y la emisión de moneda. En 1946, mediante el decreto 8503/46, Perón nacionalizó el Banco Central y poco tiempo después, mediante el decreto 11.554/46 nacionalizó todos los depósitos de los bancos públicos y privados, fundado en que *"...los depósitos bancarios son trabajo y ahorro del pueblo argentino y por tal motivo deben cumplir las funciones que el Estado les asigne."* Finalmente el 30 de Septiembre de 1949 se sancionó la ley 13.571 reformando la Carta Orgánica del Banco Central y disponiendo que el Ministro de Finanzas de la Nación pasara a ser presidente de esa entidad.

Entre Diciembre de 1946 y Diciembre de 1955 los precios al consumidor se multiplicaron por 5 y entre ese último mes y Diciembre de 1969 los precios volvieron a multiplicarse por 31, por lo que entre Diciembre de 1946 y Diciembre de 1969 se multiplicaron por 156 (lo que costaba $ 1 en 1945, en Diciembre de 1969 costaba $ 156).[30]

A partir del 1° de Enero de 1970 el presidente de facto J.C. Onganía impuso la circulación del peso ley 18188, eliminando dos ceros a la moneda anterior, (**$ley 1 = m$n 100**).

---

[28] José María Rosa, op. cit., t. 9, pag.56.

[29] Diego Abad de Santillan, 'Historia Argentina', Tipográfica Editora Argentina, Buenos Aires 1975, t. 4, pag. 188.

[30] Ver Serie Histórica del Índice de Precios al Consumidor (IPC) en el GBA, desde el año 1943, publicada por el INDEC.

Desde el año 1973 hasta Marzo de 1976 los precios se incrementaron en un 760% , y desde ese mes y año hasta Julio de 1983, es decir durante el último gobierno de facto, aumentaron casi un 1.300%.

A partir del 1° de Junio de 1983, el presidente de facto, Reynaldo Bignone, por ley 22.707 reemplazó el peso ley por el peso argentino, eliminándole cuatro ceros a la paridad (**\$arg 1 = \$ley 10.000**), no obstante hasta la entrega de su gobierno en Diciembre de 1983, el aumento de los precios trepó en un 133%.

Durante los primeros 20 meses de la presidencia de Raul Alfonsín, la inflación creció un **cuatro mil quinientos por ciento,** o sea que los precios al consumidor se multiplicaron por 45. (ver Serie Histórica del INDEC), lo que indujo al presidente Alfonsín a dictar el decreto 1096/85 disponiendo que a partir de Junio de ese año circulara una nueva moneda: el Austral, quitándole tres ceros a la moneda precedente y creando un extraño sistema de desagio fundado en la estabilidad que tendría la nueva moneda (**A 1 = \$arg 1.000**), que además poseía mayor valor que el dólar estadounidense, a tal punto que un dólar se cotizaba a ochenta centavos de Austral (**U\$S 1 = A 0,80**)

No obstante estas medidas, la inflación no pudo ser controlada y Alfonsín debió abandonar prematuramente su gobierno, luego de experimentar una inflación del **veintiún mil por ciento**, es decir que los precios al consumidor se multiplicaron por 210 en los últimos 24 meses de su mandato.

Durante la presidencia de su sucesor, Carlos S. Menem, mediante la **ley 23.928**, denominada de Convertibilidad se creo a partir del 1° de Abril de 1991 el Austral convertible, (un dólar equivalía a diez mil australes: U\$S 1 = A 10.000) y a partir del 1° de Enero de 1992 se dispuso el canje del austral convertible por el peso convertible (**\$1 = A 10.000** por lo que **\$ 1 = U\$S 1**, igual que el peso fuerte de 1875).[31]

Y así terminó ese nefasto siglo XX. Pero el siglo XXI no empezó mejor. El 20 de Diciembre de 2001 renunciaba el presidente Fernando De La Rúa, luego de escasos 2 años y 10 días de

---

[31] En 60 años al peso convertible de 1929 se le habían agregado (y quitado) 13 ceros!

gobierno, caracterizado por una vertiginosa caída del consumo, una pronunciada y prolongada recesión, aumento del desempleo y de los índices de pobreza e indigencia y virtual confiscación de los depósitos bancarios (corralito) que desembocaron en saqueos a negocios y supermercados, dos días de violencia callejera desatada que obligaron a declarar el estado de sitio y que terminaron con 20 manifestantes muertos.

Entre el 21 de Diciembre de 2001 y el 1° de Enero de 2002, en que asumió la presidencia de la Nación Eduardo Duhalde, el país volvió a revivir las convulsionadas jornadas de Febrero y Marzo de 1820, ya que en el breve período de esos 11 días ejercieron el PEN 5 presidentes, oportunidad que no desperdiciaron para **declarar el default de la deuda (externa e interna) argentina, con el fervoroso aplauso, aclamación entusiasta y ruidosa algazara de los miembros del Congreso de la Nación.**

Durante los dos años de De La Rúa hubo un 2% de deflación, pero a partir de Enero de 2002 hasta Diciembre de 2006 volvió a aparecer la inflación provocando que el IPC en el GBA subiera un 202 %.

En Enero de 2007, el Secretario de Comercio Interior del presidente Kirchner logró intervenir en el INDEC, como consecuencia de lo cual el IPC del GBA disminuyó su fuerte incremento, merced a lo cual la inflación del año 2007 se redujo al 8,5% y la del 2008 al 7,2%, pero según la opinión de analistas económicos y la sensación pública en general, esos índices diferían sensiblemente de la realidad.

A falta de datos estadísticos confiables y evitando recurrir a analistas privados cuyos cálculos pueden carecer de una metodología probada, los estudiosos y economistas suelen consultar las estadísticas de diversas provincias, cuyos datos eran generalmente coincidentes con los del INDEC hasta el año 2006, y a partir del 2007 comenzaron a divergir, como se demuestra a continuación:

Año 2007	GBA	8,5 %
	Chaco	26,1 %
	Chubut	27,1 %
	Jujuy	24,9 %

La Pampa	25,5 %
Misiones	23,9 %
Neuquén	29,2 %
Río Negro	27,6 %
Salta	23,4 %
San Luis	21,5 %
T. del Fuego (R. Grande)	29,5 %
T. del Fuego (Ushuaia)	28,7 %

Sin tener en cuenta el GBA y la provincia de Tierra del Fuego, el promedio ponderado por la cantidad de habitantes urbanos de las 9 provincias detalladas da para el **2007** un **25,3 %** de inflación.

Con el mismo criterio, pero incorporando las provincias de Entre Ríos y Santa Fe, el promedio estimado para el año 2008 da un **21,0%** de inflación.

Con estos valores, desde que empezó el s.XXI, la inflación a Diciembre de 2008 ha alcanzado al **306 %**, lo que significa que lo que valía $ 1 en el año 2001, en Diciembre de 2008 valía $ 3,06, es decir se vuelve a repetir la misma relación peso-dólar de 1890 (extraña coincidencia).

Este reiterado y asombroso comportamiento inflacionario aun hoy es obstinadamente ignorado, negado y rechazado por gobernantes, economistas, legisladores, jueces y juristas como si, por ignorarlo, simplemente no ocurriera o se evitara sus consecuencias.

12.3. La moneda y las teorías nominalista y valorista

La Enciclopedia Espasa define el **nominalismo** como: *"Teoría sobre el dinero según la cual éste es sólo una unidad de cuenta, sin más valor que el nominal. Se funda en que el dinero, como tal, posee únicamente un* *valor de cambio. Ha sido llevada a sus últimas consecuencias por la teoría que considera el dinero como un signo de valor."*[32]

Según Germán J. Bidart Campos: *"**El nominalismo** surge del Código Civil y no de la Constitución. El Código Civil puede adoptar el nominalismo porque la Constitución –aunque no lo prescribe- no lo prohíbe. De ahí en más, convencidos de que el nominalismo que legisló el Código Civil fue implantado desde el presupuesto de una moneda con valor metálico intrínseco y estable, sugerimos la proposición de que en períodos de alta cresta inflacionaria la aplicación del nominalismo a las obligaciones llamadas dinerarias es inconstitucional por violación del derecho de propiedad."*[33]

No obstante esta prestigiosa opinión, es interesante analizar lo sostenido por Santos Cifuentes en oportunidad de fundamentar su voto en el fallo plenario de la Cámara Civil en "La Amistad c/ Iriarte", por tratarse, tal vez, de la más fundada exposición del nominalismo en nuestro país: *"De la naturaleza y función del dinero tal como es concebido por el Estado a través de la legislación, se impone la **condición numeraria**, de utilidad ideal o, también, mal llamada **nominalista**. Esta índole que lo caracteriza, que singularmente lo tipifica, que está en la entraña misma de su estructura, lleva de la mano a distinguir las obligaciones que tienen por objeto dar suma de dinero, de todas las otras con diverso objeto."* Y el Dr. Cifuentes agrega: *"Hay una razón de Estado para que la moneda sea lo que es y cumpla la función que le corresponde. Es el Estado quien proclama su obligatoriedad, establece su uso en el intercambio y el efecto cancelatorio. Lo hace a través de la legislación, que sólo podrá ser modificada, por ende, por otra legislación."* De allí que el juez citado concluya en la imposibilidad de aceptar variaciones de precios por vía judicial , toda vez que ello corresponde solo a otro poder del Estado: el legislativo.

Curiosamente, Cifuentes, en los fundamentos del fallo que comentáramos, hace un extenso y profundo análisis histórico de la evolución de la moneda en nuestro país y lejos de asombrarse, cuando realmente debería haberse espantado, llega a conclusiones tales como: *"Por ello se ha dicho que las alteraciones de los precios no son alteraciones del valor del dinero, sino del valor de las mercancías, que repercuten en las variaciones de las cuantías de los créditos y, en general, en el*

---

[32] 'Diccionario Enciclopédico Espasa', op. cit., t. 9, pag. 325.

[33] Germán J. Bidart Campos, 'La indexación de las deudas como principio constitucional', El Derecho, t. 72, pag. 697, citado por Ricardo D. Andino y Eduardo J. Sprovieri en 'La legitimidad del reconocimiento de las variaciones de costos en la construcción de viviendas', Cavera – Fodeco, 2006, pag. 11.

74

contenido de las obligaciones del dinero. Y aquí viene la pregunta: cuando lo que se debe es puramente una suma de dinero ¿cómo es posible reajustarla, cuando resulta imposible la depreciación de un valor numérico que parte de la unidad ideal, normativamente establecida por el Estado?"

Y más adelante nos advierte Cifuentes: *"...el papel moneda por su naturaleza no es depreciable y no hay que confundir depreciación del dinero con diferente valor adquisitivo. Las variaciones de dicho poder adquisitivo del dinero son consecuencias de factores económicos y sociales que deben considerarse incluidos dentro de lo que puede considerarse el riesgo normal de los contratos, salvo casos extraordinarios."* Y más adelante: *"Admitir caso por caso en las deudas pecuniarias una nueva suma dineraria complementaria de la pactada por comparación con el poder adquisitivo en diferentes épocas, importaría derivar la función del dinero al valor de las cosas."*

Sin embargo, es del caso destacar que el voto de Cifuentes fue minoritario en el citado plenario "La Amistad", toda vez que la mayoría sostuvo lo contrario, esto es que las deudas en dinero podían actualizarse, con argumentos que los analistas no dudaron de catalogar como inscriptos en la teoría del "valorismo"

La teoría nominalista tuvo su primera regulación en 1602 merced a un edicto francés el que fue luego aceptado por la revolución francesa y extendido a casi toda Europa. El famoso Código de Napoleón lo incorporó en su artículo 1895 y 70 años después fue incorporado al código italiano.

Fue un notable jurista y catedrático alemán, Friedrich Kart von Savigny, nacido en Frankfurt en 1779, el encargado de desarrollar y sostener la teoría **valorista**, a través de su obra trascendental: 'El derecho de las obligaciones', dividida en 2 volúmenes y cuatro capítulos: 'De la naturaleza de las obligaciones', 'Del nacimiento de las obligaciones', 'De la extinción de las obligaciones' y 'De las sanciones legales contra la violación de las obligaciones'. Savigny desaprobó el Código de Napoleón, sosteniendo que en este código *"el influjo del elemento político legislativo ha predominado sobre el elemento técnico."* En el sexto y último tomo de su tratado sobre el derecho romano Savigny dice: *"Ahora bien, para concluir la parte general del Tratado sólo me resta determinar el lazo que existe entre las relaciones del derecho y las reglas jurídicas. Este lazo nos aparece, de un lado, como imperio de las reglas sobre las relaciones; de otro, como la sumisión de las relaciones a las reglas."* Como advertimos ambas caras de la moneda son exactamente iguales y a través de esta afirmación Savigny pone de manifiesto su extrema **preocupación por la necesidad de impartir justicia antes que imponer la ley.**

El régimen valorista hace gravitar la inflación sobre el deudor, en tanto que el régimen nominalista lo hace gravitar sobre el acreedor.

Al respecto de este tema, Crivelli, sostiene: *"Nuestro país padeció una inflación creciente desde mediados de la década del '40 hasta principios de la década del '90, cuando se adoptó el nominalismo monetario respaldado por la convertibilidad del peso (ley 23.928). Durante el primer período señalado, hasta 1991, la doctrina, la jurisprudencia y el pensamiento económico fueron evolucionando lentamente hasta reconocer desde el punto de vista conceptual el fenómeno inflacionario en toda su magnitud. Se llegó así a sistemas bastante elaborados, con el fin de preservar el valor de la moneda en distintas clases de obligaciones. Estos sistemas podrían agruparse en dos grandes rubros, a saber: a) La indexación, que consiste en afectar los precios por un índice cualquiera que se considera aproximado o representativo a las características de la obligación en cuestión y que permite recomponer aproximadamente el valor comprometido originariamente. b) Los sistemas de variaciones de precios, que consisten en modificar periódicamente los precios del contrato, según la alteración que sufren sus componentes, generalmente pactados por las partes en los contratos con prestaciones recíprocas, con el objeto de mantener el equilibrio obligacional originario."*[34]

12.4. La falacia de la moneda como unidad de valor

Con este título inició Alejandro Bunge un capítulo de su excelente libro 'Una nueva Argentina'[35] en donde comienza diciendo: *"La ausencia de una definición jurídica de la unidad de valor es una de las más grandes e inexplicables lagunas de la ordenación social. Trátase de una sorprendente omisión universal, que ha originado y origina, en todos los países, injustos y parciales despojos y serios trastornos económicos y sociales"*

"La implícita adopción de la moneda como unidad de valor origina constantemente hechos contrarios a la equidad, resultados arbitrarios y conflictos entre

---

[34] Julio Cesar Crivelli, 'El ajuste del precio en la locación de obra', op. cit. pag. 38 y ss.

[35] Alejandro Bunge, 'Una nueva Argentina', Editotial Kraft, 1940, Editorial Hyspamérica, Buenos Aires 1984, pag. 325 y ss.

*todas las partes directa e indirectamente contratantes en el orden monetario, como gobierno y pueblo, acreedores y deudores, productores, banqueros, comerciantes, industriales, empleados, pensionados, obreros y jubilados. **A todos afecta, en distinta forma, la curiosa ficción jurídica que atribuye a la moneda las funciones de unidad constante de valor**.*"

"La legislación y la jurisprudencia se han fundado y se fundan, aún hoy, en la concepción jurídica de una moneda, con toda la apariencia de una cosa mueble, de valor invariable con relación a las demás cosas. Y, de acuerdo con esa ficción, se ha levantado el complejo edificio jurídico destinado a regular todo cuanto con el valor de las cosas se relaciona, como todo cuanto se refiere a los medios de cambio, moneda, pagos, precios, valor y hasta 'plusvalía'."

Cualquier especie que se hubiera usado –como se ha solido usar- como unidad de valor de cambio, habría sido menos variable y menos perjudicial de lo que ha sido la adopción de la moneda con la facultad implícita de unidad constante de valor. Bueyes y carneros, paquetes de té, barras de hierro, plata u oro, kilogramos o litros de trigo o arroz, hubieran podido ser –y han sido- unidades de valor mucho menos arbitrarias que la moneda nominal. ... Ninguna especie, usada como tal para medir el valor de otras cosas, habría permitido con su función de 'metro' para medir el 'valor', achicamientos y agrandamientos tan grandes como los que ha permitido u originado la moneda."

" ... La moneda ha sido y sigue siendo uno de los más gigantescos instrumento de favores y disfavores, de obsequios y de despojos, que han afectado unas veces a unos sectores de la sociedad y otras a otros sectores."

" ... Resulta de todo esto que, aun hoy, contratar en moneda, a largo plazo, es especular. Todo el que consciente de tales circunstancias quiere pactar de buena fe, ha de adoptar como referencia una unidad de valor, no monetaria."

" ... Consideramos que es de sana política recíproca y de buena fe, que en todos los casos de pactos, de contratos, de concesiones, de fijaciones de capitales y de tarifas, de obligaciones en moneda a largo plazo, o referidas a unidades monetarias, es un deber ineludible crear instrumentos adicionales –no monetarios- aclaratorios, que eviten en lo posible o mitiguen el posible riesgo."

" ... ¿Puede adoptarse una unidad constante de valor? ¿Puede esa unidad medir 'valor' como un metro mide longitud o como un litro mide capacidad?

Bunge termina su capítulo con el siguiente párrafo y una llamada: *"Consideramos que dado el carácter de este libro ha de ser suficiente lo expuesto sobre tan apasionante materia *."*

" Sobre ella tenemos en preparación una obra que ha de titularse 'La unidad de valor '"*

Lamentablemente, Alejandro Ernesto Bunge (1880-1943) falleció pocos años después sin llegar a publicar su anunciada obra. Ingeniero y Economista, fue impulsor y luego Director General de Estadísticas del Estado (lo que luego sería el INDEC), Director del

Banco de la Nación Argentina y profesor de la Universidad de Buenos Aires. Elaboró un proyecto de ley destinado a mantener los salarios conservando su capacidad adquisitiva, que publicó en la 'Revista de Economía Argentina', fundada por él en 1918 y que dirigió hasta su muerte.

En oportunidad de publicar ese proyecto Bunge decía:

"... su aplicación no será fácil; pero ¿por qué no intentarlo?, ya que en todo caso la experiencia irá indicando las modificaciones a introducir."

12.5. El Coeficiente de Variación Salarial

Como hemos comentado, la **ley 23.928** denominada de **Convertibilidad**, promulgada el 27 de Marzo de 1991, a través de su artículo 1° estableció (una vez más) la convertibilidad de la moneda argentina y su paridad inamovible con el dólar estadounidense, diciendo: *"Artículo 1° Declárase la convertibilidad del Austral con el Dólar de los Estados Unidos de América a partir del 1ª de Abril de 1991, ..."* . El artículo 7° de la ley estableció la prohibición de actualización monetaria, indexación por precios, variación de costos o repotenciación de deudas, cualquiera sea su causa, haya o no mora del deudor, y declaró inaplicables las disposiciones contractuales o convencionales que contravinieran esas disposiciones. El artículo 10° decía: *"Derógase con efecto a partir del 1° del mes de Abril de 1991, todas la normas legales o reglamentarias que establezcan o autoricen la indexación por precios, actualización monetaria, variación de costos o cualquier otra forma de repotenciación de las deudas, impuestos, precios o tarifas de los bienes, obras o servicios. ..."*

Una década después, luego de la megacrisis de principio de siglo, el gobierno de Eduardo Duhalde promulgó, el **6 de Enero de 2002**, la **ley 25.561** de **Emergencia Económica**, la que por medio de su artículo 3° derogó, entre otros, el artículo 1° de la ley de Convertibilidad, pero mantuvo, con pequeñas modificaciones de redacción a través de su artículo 4°, las prohibiciones establecidas en los artículos 7ª y 10ª de la ley 23.928.

Muy pocos días después, el **4 de Febrero de 2002**, el Boletín Oficial publicó el **decreto 214/2002**, el que establecía que todos los depósitos en dólares u otras monedas extranjeras existentes en el sistema financiero serían convertidas en pesos a razón de **un peso con cuarenta centavos por cada dólar** o equivalente (art. 2°) y que todas las deudas en dólares u otras monedas extranjeras con el sistema financiero serían convertidas a pesos a razón de **un peso por cada dólar** o su equivalente (art. 3ª).

Pero el artículo 4ª del decreto mencionado disponía que a los depósitos y deudas referidos en los artículos 2ª y 3ª se les aplicaría un **Coeficiente de Estabilización de Referencia** (C.E.R.) el que sería publicado por el BCRA. Igual criterio se aplicaría con las obligaciones no vinculadas al sistema financiero de dar dólares u otra moneda extranjera, que se convertirían $ 1 = U$S 1 (art. 8ª) y las deudas en dólares u otra moneda, transmitidas por las entidades financieras en propiedad fiduciaria o fideicomisos financieros, que se convertirían también $ 1 = U$S 1 (art. 11ª del decreto).

A los efectos de atenuar el impacto de la aplicación del C.E.R. más los intereses originalmente pactados en las cuotas de las deudas pesificadas, el 7 de Mayo de 2002 se publicó en el B. O. el **decreto 762/2002** que en su artículo 1ª exceptuaba de la aplicación del Coeficiente de Estabilización de Referencia (C.E.R.) a todos los préstamos otorgados a personas físicas que tengan como garantía hipotecaria la vivienda única, familiar y de ocupación permanente, originalmente convenidos en dólares y transformados en pesos por el decreto 214/2002. Pero el artículo 3ª establecía que a partir del 1ª de Octubre de 2002, las obligaciones de pago se actualizarían con la aplicación de un **Coeficiente de Variación Salarial (C.V.S.)** que confeccionaría el INDEC, y que el P.E.N. determinaría las tasas de interés a aplicar a partir de la entrada en vigencia del C.V.S.

Es de aclarar que este Dto alcanzaba también a los préstamos personales de hasta U$S 12.000 y **$ 12.000** sin garantía hipotecaria y a los con garantía prendaria hasta U$S 30.000 y **$ 30.000**.

Poco después, el 12 de Julio de 2002 el P.E.N. sancionó el **decreto 1242/2002**, el que disponía que los préstamos alcanzados por el decreto 762/2002 estarían sujetos, a partir del 1°.10.2002, al C.V.S. y devengarían la tasa de interés nominal anual convenida en el contrato de origen; y, en caso que la dicha tasa fuera superior al promedio de las tasas vigentes en el sistema financiero durante el año 2001 que informaría el B.C.R.A., se aplicaría esta última.

Pues bien, el B.C.R.A. emitió con fecha 9 de Octubre de 2002 la **Comunicación "B" 7541** mediante la cual informó el promedio de las Tasas Nominales Anuales para el año 2001, que fue de **12,38%** para los préstamos hipotecarios.

Los decretos 762/2002 y 1242/2002 fueron luego ratificados por medio de la **ley 25.713** sancionada el 28 de Noviembre de 2002 y Promulgada el 8 de Enero de 2003

Mientras tanto la economía de nuestro país terminó el año 2002 manifestando una fuerte recuperación económica: la inflación que había alcanzado al 10,4% en el mes de Abril, cerraba el año con un total de 40,9% pero con un promisorio 0,2% en el mes de Diciembre; las exportaciones mantuvieron el nivel de años anteriores, pero las importaciones se redujeron a menos de la mitad del año 2001, representando el 30% de las exportaciones, lo cual mejoró sensiblemente la balanza comercial argentina.

En el transcurso de ese año 2002 el índice salarial creció sólo un 7,59%, lo que comparado con el Índice de Precios al Consumidor que, como dijimos, creció un 40,9% en el año, indujo al dictado del decreto 762/2002 que, como comentáramos, reemplazó el C.E.R. por un nuevo coeficiente, el **C.V.S.**. El Coeficiente de Variación Salarial **se basaba en el Índice de Salarios elaborados por el INDEC, pero no tomaba en cuenta los aumentos salariales no remunerativos otorgados por el gobierno nacional**, a tal punto que a Diciembre de 2002 el **Índice Salarial** arrojó, como dijimos, un aumento del **7,59%** en tanto que el **C.V.S.** dio para el mismo período una variación del **0,7%**. *(Ver decretos 1273/02, art. 6 ,Dto.2641/02, Dto. 905/03, Dto. 392/03 y Dto. 1347/03 art. 3ª en el Capítulo 13.1).*

En el año 2003 la mejora de la economía se tradujo en un aumento del **IPC** de sólo el **3,6%** y promovió el aumento salarial, lo que se vio reflejado en el incremento del Índice de Salarios, que a Diciembre de 2003 había aumentado un **12,07%** en el año, pero como consecuencia del desmanejo estadístico que comentamos en el párrafo anterior, el C.V.S. aumentó en el mismo período un **16,15%** .

Ante esta situación el Presidente Kirchner promovió la sanción de la **ley 25.796** promulgada el 14 de Noviembre de 2003, **eliminando la aplicación del C.V.S.** a partir del 1° de Abril de 2004 y **facultando al P.E.N a compensar a las entidades financieras con hasta 2.800 millones de pesos** en bonos 2013. Resumimos este conjunto de Leyes y Decretos para mejor comprensión:

Norma	Fecha	Título	Objeto
Ley 23.928	27.03.91	Convertibilidad	Prohibió la indexación, actualiz.monet., etc.
Ley 25.561	06.01.02	Emerg. Económica	Derogó la ley 23.928, pero no la prohibición
Dto 214/02	04.02.02	Reordenamiento Sist. Financiero	Art.2°) Depósitos U$S 1 = $ 1,40 Art.3ª) Deudas U$S 1 = $ 1 Art.4ª) A depósitos y deudas se aplicará el CER

Dto 762/62	07.05.02	Reordenamiento Sist. Financiero	Art.1°) No se aplicará el CER a personas físicas
			    a) en créditos para vivienda única
			    b) en préstamos hasta 12.000 $ o U$S
			    c) id. prendarios hasta 30.000 $ o U$S
			Art.2°) No se aplicará el CER en locación de viv
			Art.3°) En reemplazo del CER se aplicará el CVS

Dto 1242/02	15.07.02	Reordenamiento Sist. Financiero	Art.9° del Anexo) para todas las deudas del Dto. 762/62 se aplicará la tasa originalmente convenida, que será menor al promedio 2001 del BCRA
Ley 25.713	09.01.03	CER	Confirma el Dto.762/02 pero la tasa la fija en PEN
Ley 25.796	14.11.03	Sist. Financiero	Art.1°) A partir del 01.04.04 no se aplicará ningún índice de actualización

13. ACTUALIZACIÓN MONETARIA

13.1.¿Por qué no aplicar el C.V.S.?

Antes de responder a esta pregunta debemos formularnos otra: ¿por qué fracasó la aplicación del C.V.S.? Las respuestas son varias y variadas; veamos:

1. Porque fue creado en medio de una emergencia, tratando de recomponer la relación jurídica y económica de créditos pre-existentes en dólares; consecuentemente no fue fundadamente estructurado y no conformó ni a acreedores ni a deudores.

2. Por la carencia de una ingeniería financiera y ausencia de estudios preliminares, que condujeron a que originalmente se optara por un índice de reajuste (el CER) el que, luego del cataclismo económico y financiero que acababa de vivir el país, era esperable que inicialmente se disparara.

3. Por la falta de continuidad en las reglas, que indujeron al cambio del índice de reajuste CER por el CVS y luego la eliminación de ambos, lo que hizo incrementar la inseguridad jurídica.

4. Por la alteración de los datos estadísticos.

5. Porque la alteración de las estadísticas, para proteger a los deudores, produjeron efectos no deseados, como ocurrió con la aplicación de los decretos 1273/02 y 392/03 mencionados en el capítulo precedente.[36]

---

[36] El Dto. 1273/02 sancionado el 17.07.02 dispuso una asignación no remunerativa de $ 100 mensuales por trabajador y su artículo 6º estableció que esta asignación "... *en ningún caso podrá ser tomada como índice o base para la determinación cuantitativa de ningún instituto legal, convencional o contractual, **ni para el supuesto contemplado en el art. 3º del Dto 762/02.*"

Igual criterio se aplicó con el Dto 2641/02 del 19.12.02 ($ 130/mes a partir del 1º.03.03) y con el Dto 905/03 del 15.04.03 que elevó a $ 200 la asignación no remunerativa a partir del 1º.05.03, hasta que el Dto 392/03 del 15.07.03 asignó un aumento <u>remunerativo</u> y sucesivo de $ 28/mes durante 8 meses a partir del 1º.07.03, hasta adicionar $ 224/mes, deduciéndose igual suma <u>no remunerativa</u> a las otorgadas por los Dtos 2641/02 y 905/03, lo que produjo una fuerte alteración mensual del CVS durante 9 meses.

6.   Porque las tasas de interés autorizadas por el artículo 9ª del decreto 1242/02 eran excesivamente altas para un crédito reajustable por un índice, ya que el decreto de referencia establecía que los préstamos devengarían la tasa de interés nominal anual convenida en el contrato de origen y si las mismas fueran superior al promedio de las tasas vigentes en el sistema financiero durante el año 2001 informadas por el BCRA, se aplicarían estas últimas.

El BCRA, como ya dijimos, por medio de su **Comunicación "B" 7541** del 09.10.2002 informó que la tasa de promedio ponderada para préstamos hipotecarios, durante 2001, alcanzó al **12,38%.**

Pero veamos las tasas que el mismo BCRA informó para créditos hipotecarios a más de 10 años de plazo, para el año 2003:

Enero	11,39 %
Febrero	11,71 %
Marzo	12,13 %
Abril	10,66 %
Mayo	14,79 %
Junio	11,56 %
Julio	12,41 %
Agosto	12,64 %
Septiembre	13,35 %
Octubre	14,20 %
Noviembre	14,38 %
Diciembre	14,22 %

Es decir, si una persona tomaba un nuevo crédito en el año 2003 pagaba una tasa de entre **11 y 14% sin la aplicación del CVS**, en cambio un viejo deudor debía pagar el **12,38% más el CVS** que ese año alcanzó al **16,15%.**

Con más criterio, la ley 25.713 que ratificó parcialmente el decreto 1242/02 estableció en su artículo 4ª que el P.E.N. oportunamente determinaría las tasas de interés a aplicar.

6.   Porque las normas que impusieron el reajuste por el CVS, además de establecer una tasa de interés excesivamente alta no pusieron ningún límite a la cuota resultante que debía pagar el deudor, por ejemplo que no superara el 30% de su sueldo.

        La enumeración de estos errores que llevaron al fracaso de la aplicación del CVS nos sirven de experiencia y de antecedente de lo que no se debe hacer.

Pero realmente, ¿es posible aplicar algún índice de variación que permita reajustar o actualizar el saldo de un préstamo? Sin dudarlo, se elevarán numerosas voces que sostendrán e intentarán demostrar que eso no es posible.

13.2. La indexación está prohibida

Lo primero que se ha dicho al respecto es que las indexaciones están prohibidas, pues la ley 23.928 de Convertibilidad en su artículo 10 prohíbe la indexación de precios, actualización monetaria, etc. y la ley 25.561 de emergencia económica, dejó sin efecto a la ley de convertibilidad, pero mantuvo los alcances de los artículos 7 y 10 de la misma.

Efectivamente el Art. 7º de la ley 23.928 empieza diciendo: *"El deudor de una obligación de dar una suma de Australes* (la ley 25.561 lo cambió por 'pesos') *cumple su obligación dando el día de su vencimiento la cantidad <u>nominalmente</u> expresada. ..."*, en el término subrayado aparece la famosa teoría del nominalismo sobre la que nos ocupáramos en el capítulo 12. Y continúa diciendo el Artículo 7º de la 23.928 *"...En ningún caso se admitirá la actualización monetaria, indexación por precios, variación de costos o repotenciación de deuda, cualquiera fuere su causa, haya o no mora del deudor <u>con posterioridad al 1º del mes de Abril de 1991</u>..."* el párrafo subrayado fue reemplazado en la 25.561 por: *"...con las salvedades previstas en la presente ley."*

Como dijimos, la ley 25.561 conservó sin modificaciones el artículo 10º de la ley 23.928 diciendo: *"<u>Mantiénense derogadas</u>, con efecto a partir del 1º del mes de abril de 1991, todas la normas legales o reglamentarias que establezcan o autoricen la indexación por precios, actualización monetaria, variación de costos o cualquier otra forma de repotenciación de las deudas, impuestos, precios o tarifas de los bienes, obras o servicios. ..."* lo subrayado y la denominación de la moneda son los únicos cambios que la ley 25.561 introdujo en este artículo.

Pero hay un famoso proverbio español, ampliamente utilizado en América española durante el período colonial, que reza:

"*se acata pero no se cumple*".[37]

Y eso es exactamente lo que ocurrió con las prohibiciones de indexar, de actualización monetaria y de variación de costos, dictadas por la ley 25.561.

El Decreto 214/02 publicado en el B.O. el 04.02.2002 disponía que a los depósitos y deudas en dólares 'pesificados' se les aplicaría un Coeficiente de Estabilización de Referencia (CER), pero dicho decreto advertía en su artículo 5° que *"Lo dispuesto ... no deroga lo establecido por los artículos 7° y 10° de la ley 23.928 en la redacción establecida por el artículo 4° de la ley 25.561. Las obligaciones de cualquier naturaleza u origen que se generen con posterioridad a la sanción de la ley 25.561, no podrán contener ni ser alcanzadas por cláusulas de ajuste"*, es decir, el decreto 214/02 alcanzaba únicamente a los depósitos y deudas originalmente realizados o contraídas en dólares u otra moneda extranjera con anterioridad a la fecha de sanción del decreto.

Pero el decreto 762/2002 publicado en el B.O. el 07.05.02 reemplazaba el CER por el CVS para los préstamos a personas físicas con garantía hipotecaria de vivienda única, préstamos personales y préstamos prendarios convenidos originariamente en moneda extranjera y transformados a pesos según el decreto 214/02 e incluía a los **préstamos personales hasta $12.000 y prendarios hasta $ 30.000 y a la locación de inmuebles** cuyo locatario fuere una persona física y la locación fuere de una vivienda única y familiar, disponiendo que las obligaciones de pago resultantes de los supuestos enumerados, serían reajustados con el CVS a partir del 1° de Octubre de 2002. Es decir, que **se incorporó al sistema de indexación a deudas en pesos que originariamente estaban exentas de todo tipo de reajuste.**

Igualmente la Norma sobre **"Depósitos e Inversiones a Plazo"** del Banco Central de la República Argentina, según su texto ordenado al 21.11.2008, en su artículo 1.5.2. incluye, entre la nominación de los distintos tipos de operaciones, el *"Certificado de*

---

[37] John H. Parrry, 'Europa y la expansión del mundo 1415-1715', Editorial Fondo de Cultura Económica, México 1952, pag. 96 y José Ignacio García Hamilton, 'El autoritarismo hispanoamericano', Editorial Sudamericana, Buenos Aires 1998, pag. 181.

depósito a plazo fijo nominativo intransferible/transferible con cláusula de aplicación del Coeficiente de Estabilización de Referencia – CER", mientras que en el artículo 1.5.10. amplía las precisiones con respecto al CER diciendo *"Coeficiente de Estabilización de Referencia (CER) correspondiente al día hábil bancario anterior a la fecha de constitución de la imposición, utilizable como base para el cálculo de la actualización, cuando corresponda.",* y más adelante, concluye el artículo 1.9. Depósitos con cláusula "CER" diciendo: ***"Estas imposiciones sólo podrán efectuarse en pesos."*** (lo curioso es que el CER nació con el Dto 214/02, un mes después de derogada la convertibilidad y de ratificada la prohibición de indexar).

En cuanto a las obras públicas contratadas por el Estado, es de recordar el decreto 1295/2002, refrendado el 19 de Julio de 2002, el que en su artículo 2° disponía: *"Los precios de los contratos de obra pública, correspondientes a la parte faltante de ejecutar, podrán se redeterminados a solicitud del contratista, cuando los costos de los factores principales que los componen ... reflejen una variación promedio de esos precios superior en un 10% a los del contrato, o al precio surgido de la última redeterminación..."*

Creemos que salvo el eufemismo de llamar 'redeterminación' al reconocimiento de la variación de costos, la claridad del texto del decreto no merece mayores comentarios. Podemos recordar como antecedente, el decreto 1312/1993, publicado en el B.O. el 30.06.93, que establecía un sistema de redeterminación periódica de los precios de las contrataciones de obras públicas en plena vigencia de la ley de Convertibilidad que prohibía la actualización de precios.

Cabe mencionar también que el Estado argentino desde el inicio del año 2002 ha emitido numerosos bonos de deuda en pesos <u>ajustables</u> por el CER con diferentes tasas de interés anual, que van desde el **0,63%** (Bonos Par en pesos); **2%,** como por ejemplo BONTES 04, 05, 06, 27, BONOS de Consolidación PRO 2, 6, 8, 10, 11, 12, BONOS/BADLAR, Bonos Garantizados 2018 (BOGAR), Boden 2008, Boden 2014; **3%, 4% y hasta 5,5%,** como los Préstamos Garantizados BONTE 03, 04, 05, 06.

Igualmente, la Comisión Nacional de Valores (CNV) autorizó (29.11.2005) la oferta pública de los **CEVA (Certificados de Valores)** que agrupan diversos tipos de valores negociables bajo un único certificado, que permite a los inversores comprar o vender un portafolio completo a través de una sola unidad, combinando la diversificación del riesgo y la sencillez en un solo instrumento. Uno de los CEVA emitidos es el **MBIX** que no es otra cosa que 8 bonos de deuda del Estado **indexados por CER más una tasa del 2% de interés anual** (los bonos son el Discount en pesos, Bonos Garantizados 2018, Boden 2008, Boden 2014, Par pesos, Pre 8, Pre 9 y Pro 12)

Algo similar al MBIX es lo que estamos proponiendo, con pequeñas diferencias: que ajusten por el CVS en vez del CER y que en lugar de un portafolio de bonos del estado, proponemos títulos valores respaldados por numerosas hipotecas (es decir **Cédulas Hipotecarias**), con lo cual se atomiza el riesgo.

13.3. El uso de índices de actualización es inflacionario

Otro argumento comúnmente esgrimido con respecto a la utilización de una unidad de valor que contemple la desvalorización de la moneda en el transcurso del tiempo, es aquel basado en que los mecanismos aplicados para tal fin son inflacionarios.

Con el objeto de verificar esa suposición volcamos en un gráfico el CVS, el IS y el Índice de Precios al Consumidor, para observar sus comportamientos relativos desde el fin de la convertibilidad hasta hoy.

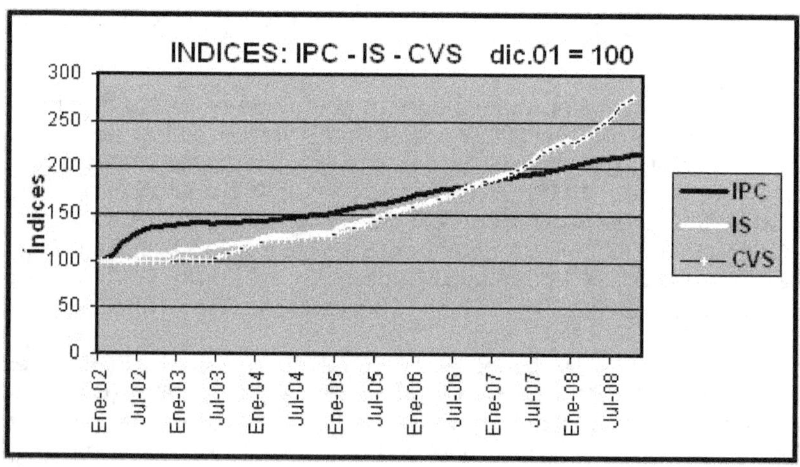

Fuente: INDEC

Puede apreciarse en el gráfico que no obstante producirse durante 2002 muy bajos aumentos salariales el IPC creció fuertemente. Igualmente a partir del año 2005 ambas curvas representando el Índice de Salarios y el CVS incrementaron su pendiente ascendente, lo que evidencia que se verificaron aumentos de salarios más pronunciados y sin embargo la curva del IPC conserva una pendiente casi constante.

El gráfico que sigue, ha sido confeccionado con los mismos datos que el gráfico precedente, pero a partir de Enero de 2007 hemos utilizado para el IPC un índice ponderado en base a los índices de Mendoza, San Luís y Santa Fe hasta Julio de 2008.

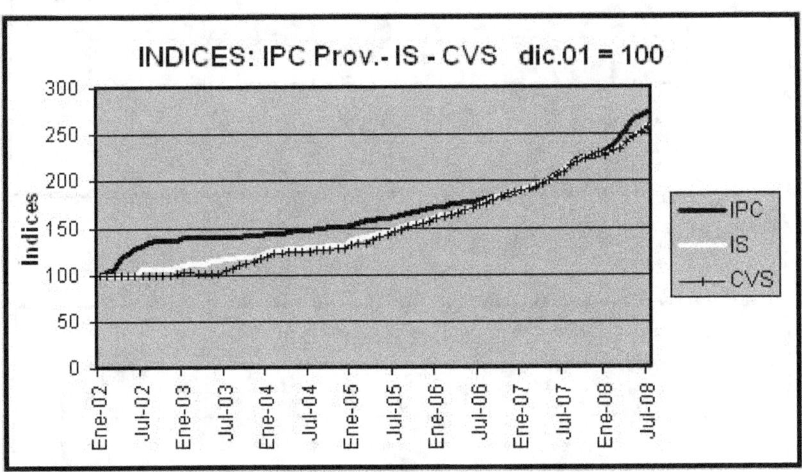

Fuente: INDEC y Dir. Provincial de Estadísticas y C. de San Luis

Este gráfico, tal vez más ajustado a la realidad que el anterior, muestra que a partir de Enero de 2008 el incremento del IPC se anticipó nuevamente a los aumentos del IS y del CVS, lo que pone en evidencia que el aumento del IPC se produjo por causas exógenas a los incrementos salariales y no fue provocado por éstos los que, por el contrario, son arrastrados por el aumento del costo de vida

Otro período apropiado para hacer un análisis al respecto es el comprendido dentro del régimen de la ley de Convertibilidad que, como hemos visto, entró en vigencia a partir del 1° de Abril de 1991 prohibiendo toda indexación por precios, ajustes salariales etc. Sin embargo durante ese período se produjeron importantes variaciones en el IPC que se ven reflejadas en el gráfico siguiente.

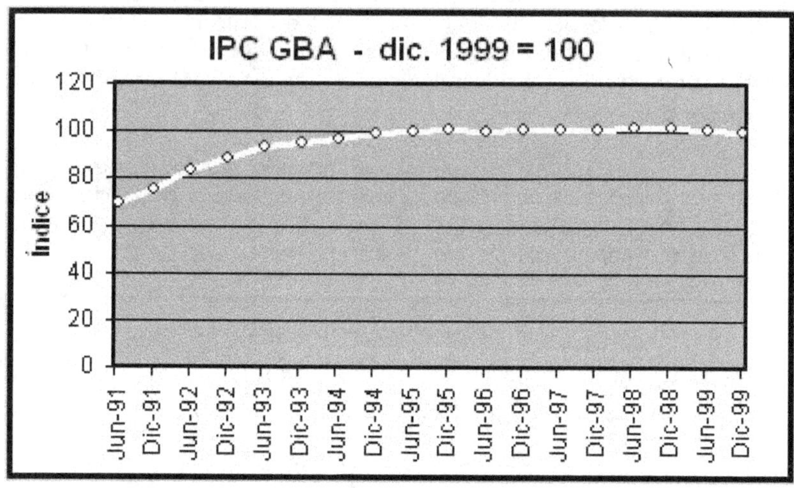

Fuente: INDEC

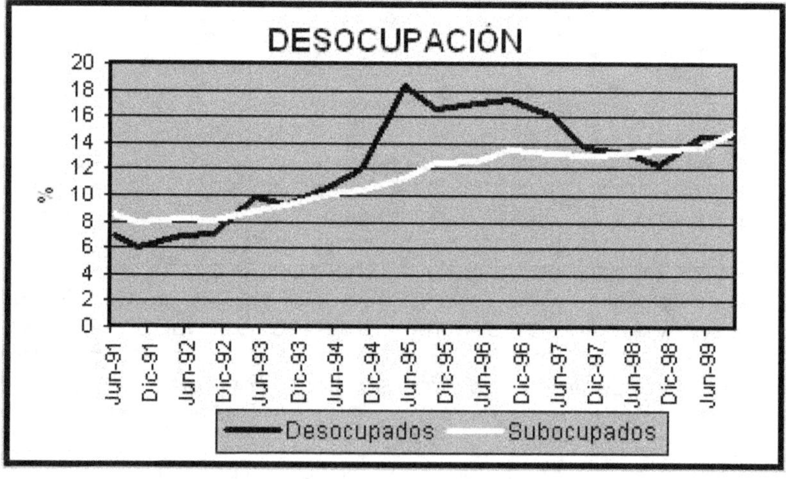

Fuente: INDEC

90

Consideramos que una parte de dichas variaciones fue motivada por una reacomodación de los precios, pero creemos que gran parte de la estabilidad que se aprecia a partir del año 1995 fue producto del fuerte aumento de la desocupación, que influyó sensiblemente en forma negativa en el poder adquisitivo de los trabajadores y, consecuentemente, disminuyó la demanda generándose un período de estabilidad en los precios. Es por eso que hemos agregado el gráfico donde se aprecia el incremento de la desocupación y de la subocupación en el mismo período.

Ambos gráficos parten del mes de Junio de 1991, es decir dos meses después de declarada la Convertibilidad y la prohibición de indexar. Como vemos, desde Junio de 1991 hasta Diciembre de 1994 se verificó un fuerte incremento de los precios (IPC), del orden del 42 %; posteriormente, a partir de 1994 se produjo una prolongada meseta en los índices de precios. Pero casi simultáneamente, a partir de Octubre de 1993, se observa un extraordinario aumento de la desocupación, que pasó del 9,3% en ese mes al 18,4% en Mayo de 1995, desocupación que con altibajos en su magnitud no volvió a un solo dígito hasta el 4° trimestre del año 2006.

Todos sabemos que hay tarifas que desde el inicio de la mega crisis están congeladas; son las correspondientes a los servicios y suministros públicos, lo que ha obligado al Estado Nacional a fuertes erogaciones en subsidios a las compañías prestadoras a fin de asegurar la continuidad de los servicios. Este criterio ya se está revirtiendo ante la magnitud de los aportes que exige al erario.

No obstante los esfuerzos realizados por el Gobierno Nacional para contener el incremento de las tarifas y para el pago de los subsidios compensatorios, no ha podido contener la inflación adecuadamente, lo que pone en evidencia que son otras las causas que la originan.

Aunque todos los argentinos somos expertos con respecto a la inflación, veamos muy brevemente qué se entiende técnicamente por inflación y luego cuál puede ser sus causas u orígenes de acuerdo a distintas teorías económicas.

Básicamente se define como **inflación** a un alza persistente y generalizada de los precios, iniciada por alguna alteración que motivó la imposibilidad de satisfacer la demanda agregada a los precios existentes y que luego se propaga produciendo nuevas alzas.

Los economistas no se han puesto de acuerdo sobre los orígenes de la inflación, esbozando diversas y múltiples teorías, ninguna de las cuales goza de aceptación generalizada. Esa diversidad de teorías se pueden sintetizar en los siguientes grupos: **inflación de demanda (demand pull)** según la cual el origen de la inflación se debe a un exceso de demanda; **inflación de costos**, sostenida por quienes consideran que los problemas se originan en la oferta; **inflación estructural**, que sostiene que la misma es causada por desajustes económicos y sociales; **inflación por expectativas** donde los distintos agentes tratan de anticiparse a la inflación aumentando los precios; **inflación por exceso de dinero en circulación**, ocurre cuando la cantidad de dinero se eleva en forma más veloz que la producción.

Muchas veces la inflación es generada por una simultaneidad de los factores mencionados y, lo que es peor, por la sumatoria de todos ellos. Ampliemos un poco más estas teorías.

John Maynard Keynes, afirmaba que la causa de la inflación era el **exceso de demanda**, considerando tres los componentes de la demanda agregada: el consumo de las familias, la demanda de inversión de las empresas y los gastos del gobierno. Atribuía la inflación a que la suma de esos tres componentes puede ser superior a la capacidad productiva de un país. Consecuentemente el aumento en la demanda por uno de los agentes económicos provocará inflación si no está compensado por disminuciones en la demanda de los otros dos.

La teoría de **inflación por costos (cost push)** se basa, por un lado, en las mejoras salariales obtenidas por presiones sindicales por encima del aumento de la productividad laboral, por otro, en el comportamiento empresarial tendiente a conseguir beneficios desmedidos u obtener financiación para sus inversiones (que el progreso de la técnica obliga a amortizar con mayor rapidez) o finalmente, al aumento de los precios de las materias primas internacionales.

Los estructuralistas, como el economista chileno Osvaldo Sunkel, atribuyen la inflación a **factores estructurales** como lo son la organización económica y social de un país; por ejemplo la baja productividad, la distribución del ingreso, etc. problemas característicos de América Latina.

La teoría de la **inflación por expectativas** se basa en el principio de que las expectativas sobre la tasa futura de inflación pueden generar inflación. Es el caso de los productores aumentando los precios anticipándose a la inflación o los trabajadores pidiendo mayores aumentos salariales por sobre la depreciación de su salario para protegerse de la inflación futura.

La **teoría monetarista**, sostenida por el premio Nobel de economía (1976) Milton Friedman, quién afirmaba que los precios están gobernados por la cantidad de dinero, es decir que los precios crecen al ritmo de la cantidad de dinero en circulación. La comprobación de la teoría monetarista se produjo en la práctica siglos antes de que fuera descripta por este destacado economista. Efectivamente, el descubrimiento del Cerro Rico en Potosí, Alto Perú (hoy Bolivia) y de riquísimas vetas argentíferas en Guanajuato y Zacatecas, México, originó tal afluencia de plata a la península ibérica durante el siglo XVI que provocó la caída del valor del metal y un aumento desproporcionado de los precios. [38]

Otro ejemplo al respecto nos lleva a recordar que luego que Alemania perdiera la guerra mundial, los aliados decidieron impedir que el Bundesbank (banco central alemán) pudiera financiar al Estado alemán a fin de evitar su rearme. La consecuencia de ello fue que Alemania ha sido el Estado europeo con menor inflación durante décadas lo que ha conducido a que el Banco Central europeo haya sido dotado de total independencia de los estados miembro de la CEE.

El tema de la inflación es lo suficientemente profundo y complejo como para ser tratado con la ligereza con que lo hemos mencionado en este apartado, pero nos ha servido para advertir que no hemos encontrado ninguna teoría ni economista destacado que haya sostenido que los mecanismos de reajuste de precios de las deudas puedan ser causantes de inflación.

Es indudable que el CVS **no es formador de precios**, ya que el hecho económico de producción del bien se produjo

---

[38] John H. Parry, 'Europa y la expansión del mundo 1415-1715', op. cit. pags. 98 y 99 – Adam Smith, 'La riqueza de las naciones', op. cit., pag. 270

con anterioridad al pago de las cuotas, consecuentemente nuestra propuesta de aplicar un mecanismo de ajuste de las cuotas utilizando el CVS no puede producir presión sobre el costo de producción. Por otro lado el deudor no deseará que sus cuotas aumenten, por lo cual sus expectativas serán opuestas a ese proceder. Es indudable que **los reajustes se producen con posterioridad al incremento de los precios y no antes, es decir: los precios influyen sobre el reajuste y no éste sobre aquéllos.**

No podemos dejar de mencionar como ejemplo de su nula incidencia en los incrementos de precios, las experiencias de Chile y Colombia donde la financiación de las viviendas se realiza utilizando una unidad de reserva de valor y que, no obstante ello, son países con bajos índices de inflación.

En Chile a la unidad de valor se la denomina **Unidad de Fomento (UF)**, ajusta por el IPC y su valor se publica diariamente en los diarios. En ese país se otorga hasta U$S 3.800 de subsidio para la compra de una vivienda, con crédito a 20 años, tasa del 4,7% anual y cuota máxima del 25% del ingresos del deudor.

Al respecto, cabe comentar que el 14 de Julio de 2008 el presidente del Banco Central de Chile, José de Gregorio, en un discurso realizado en la Comisión de Economía de la Cámara de Diputados de ese país, analizaba las causas de la inflación en Chile y propugnaba tomar medidas para reducirla, pero ninguna de ellas culpaba del proceso inflacionario a la UF ni alentaba medidas orientadas a suspender su utilización.

En Colombia se usa la **Unidad de Valor Real (UVR)**, que ajusta mensualmente con el IPC; otorgan crédito por el 70% del valor de la vivienda y la cuota máxima no debe superar el 30% de los ingresos del deudor.

En nuestro país no hay actividad económica que no se ajuste periódicamente por la inflación o por el índice correspondiente a la actividad: los precios al consumidor, los sueldos y salarios, los bonos del Estado, las tarifas de las escuelas privadas, de la medicina prepaga, las obras públi-

cas y privadas, etc., etc. Y curiosamente se obliga a congelar las cuotas de créditos para las viviendas, con plazos de 20 años de pago, con condiciones que hacen prácticamente imposible que una familia de clase media pueda acceder a esos créditos.

13.4. La actualización de las cuotas perjudica al deudor

Esta afirmación es realmente infundada, ya que con nuestros ejemplos demostramos que **si no aplicáramos un mecanismo de reajuste, las cuotas serían mucho más altas desde el inicio del repago del crédito** con lo cual el mismo sería inaccesible por dos razones fundamentales: la primera, porque los potenciales compradores del NSE en análisis no serían aprobados por el scoring bancario, y la segunda, porque las cuotas serían imposibles de pagar por deudores de ese NSE.

Por otro lado debe tenerse en cuenta que, por tratarse de trabajadores registrados, los ingresos de los mismos se ajustarán periódicamente a través de los acuerdos salariales que obtengan sus gremios u otorguen sus empresas, que no se diferenciarán mayormente de lo aumentos que obtengan otros gremios u otorguen otras empresas en general, lo que consecuentemente se verá reflejado en el IS y en el CVS.

Además, si los aumentos salariales que percibiera el deudor fueran inferiores a los generales y, consecuentemente, a los publicados por el CVS, **el deudor estará protegido por el límite de la cuota a pagar que no podrá superar el 30% de su ingreso.**

En cuanto al acostumbrado reclamo de muchos deudores con cuotas ajustadas (como ya ocurrió en el pasado) de que, luego de pagar una cantidad importante de cuotas, la deuda en vez de reducirse se ha incrementado, cabe destacar que en nuestra propuesta **el deudor no deberá pagar más cuotas que las**

acordadas en su mutuo (salvo que su aumento salarial obligue a reducir el monto de las cuotas al 30% de su ingreso), es decir que el crédito se amortizará estrictamente en el plazo por él acordado; pero justo es admitir que **si al momento de acceder al crédito la cuota representaba el 30% de su salario, es absolutamente razonable que esa proporción se mantenga a la época de cancelación de la hipoteca**. Por ese motivo, a nuestro criterio es más claro pensar que en vez de reajustar el **capital** con el CVS, lo que se debe ajustar con dicho coeficiente son **las cuotas** (económica y financieramente es exactamente lo mismo, pero se visualiza y comprende como aceptable, pues es como si se reajustaran las cuotas del club, de la medicina prepaga, de la escuela de los chicos, del consorcio, las entradas del fútbol, del cine, etc., etc.). Y queda la posibilidad de que durante la vigencia del crédito muchos deudores mejoren sus ingresos en función de méritos personales y progreso laboral, lo que les facilitará el pago de las cuotas y hasta el pago de cancelaciones parciales.

Para el deudor que pierde su empleo o fuente laboral el tema es objeto de un seguro de desempleo para los trabajadores en relación de dependencia que, como hemos dicho antes, el mismo debería ser cubierto por una póliza a cargo del Estado.

14. PROPUESTA

Trataremos de esquematizar en la forma más escueta y sintética posible nuestra propuesta, debiendo considerarse la misma simplemente como tal y, por lo tanto, sujeta a las correcciones, ajustes, ampliaciones o mejoras necesarias.

14.1. Tipología de las viviendas

Las **viviendas deberán ser nuevas**, a construir o a estrenar con primera hipoteca; estar emplazadas dentro del ejido urbano, contar con todos los servicios y cumplir con las exigencias del Código de Planeamiento Urbano y/o el Código de la Edificación de la ciudad de emplazamiento.

Las viviendas deberán satisfacer los estándares mínimos dictados por el Banco Hipotecario para su operatoria Titulización de Hipotecas – Módulo I – **"Características Técnicas y de Habitabilidad de las Viviendas Hipotecables"**, y los **"Estándares Mínimos de Calidad para las Viviendas de Interés Social"**, establecidos por la Subsecretaría de Desarrollo Urbano y Vivienda de la Nación y tener una superficie dentro de los límites detallados en el cuadro siguiente:

Ubicación	Dorm.	SUP. CUBIERTA TOTAL m2			Venta	Estado 20%	Crédito 70%
		mínima	máxima	unid.tipo			
Interior del país	mono	37	50	42	162.960	32.592	114.072
	1	50	65	60	232.800	46.560	162.960
	2	65	80	75	291.000	58.200	203.700
	3	80	100	90	349.200	69.840	244.440
AMBA	mono	37	50	42	195.552	39.110	136.886
	1	50	65	60	279.360	55.872	195.552
	2	65	80	75	349.200	69.840	244.440
	3	80	100	90	419.040	83.808	293.328

Los subsidios y préstamos que realizará el Estado estarán basados en viviendas con superficie cubierta y precios de venta correspondientes a la **Unidad Tipo**, según el cuadro anterior:

Los valores detallados están calculados con precios de Mayo de 2010, (*ver Capítulo 8*) por lo que los mismos deberán redeterminarse mensualmente en base al I.C.C. que publica el INDEC.

Para los emprendimientos en ejecución, el **30% del precio quedará fijo** a partir del mes de pago del anticipo por parte del comprador, en tanto que el 70% restante será redeterminado con el I.C.C. hasta la **fecha de escrituración y posesión prevista** en el contrato de compra-venta (o a la fecha de real escrituración y entrega, si ésta fuera anterior).

Debería agregarse a esta tipología la correspondiente a **viviendas individuales en terreno propio**, tema que deberá ser desarrollado a través de las reglamentaciones correspondientes.

14.2. Forma de pago de la vivienda

Las viviendas serán pagadas en la forma y por los actores que detallamos a continuación.

a. **El 20%** del precio de la "unidad tipo", por medio de un certificado o pagaré a la vista (**voucher**) que será entregado por el Estado al comprador-solicitante, una vez aprobada la Solicitud, por el Banco Originante. Ese 20% estará integrado por un subsidio del Estado del 14% no reintegrable y un préstamo de la ANSES del 6% con cargo a devolución.

b. **El saldo hasta completar el 30%** del precio de la vivienda deberá ser depositado por el comprador en efectivo en el Banco Originante, una vez aprobada la solicitud crediticia.

c. **El 70%** restante será pagado por el comprador con un crédito en hasta **240 cuotas** mensuales, iguales y consecutivas, que incluirán **amortización, interés no superior al 5% TNA, gastos administrativos, seguro de vida y seguro de incendio** y garantizadas mediante hipoteca en primer grado sobre la unidad. Las cuotas serán **reajustadas aplicando el CVS** en los meses de Enero, Abril, Julio y Octubre de cada año según el cociente entre el CVS del último día del mes anterior a cada uno de esos meses y el CVS correspondiente a la fecha de escrituración de la unidad.

d.   **El 6%** será pagado por el comprador con carácter de **devolución** del préstamo otorgado por la ANSES según a), monto cuyo importe básico será **reajustado con el CVS con más el 5% de interés anual** por todo el período comprendido entre la fecha de entrega del voucher y la fecha de pago de la primer cuota de devolución, la que vencerá a los 30 días de pagada la última cuota del crédito hipotecario. Las cuotas de devolución serán de monto equivalente a la última cuota hipotecaria, se reajustarán por el CVS, e incluirán amortización, interés, gastos administrativos y seguros (serán aproximadamente 40 cuotas). Este préstamo será garantizado con una hipoteca en segundo grado sobre la unidad.

e.   Ninguna de las cuotas a abonar **podrá superar el 30% de los ingresos del comprador** a la fecha de debido pago. En caso contrario el excedente será capitalizado y será abonado por el comprador con posterioridad al pago de la última cuota al banco, en similares condiciones a las establecidas en d) y únicamente una vez completados estos pagos se iniciará la devolución detallada en d).

14.3. Subsidio Estatal

a.   Como indicamos en 14.2.a) el Estado aportará el **20%** del precio de la **"Unidad Tipo"**, por medio de un certificado o pagaré a la vista (**voucher**) que será entregado por el Estado a la aprobación de la solicitud del crédito por parte de la Sociedad Originante.

b.   El **14%** tendrá carácter de **aporte no retornable**

c.   El **6% será devuelto** por el comprador al Estado en las condiciones detalladas en 14.2. d)

14.4. A cargo del Comprador

a.   Estará a cargo del comprador el saldo del anticipo, que resulte de la diferencia entre el 30% del precio de la unidad y el 20% del precio de la **"unidad tipo"** que pagará el Estado, según 14.1. y 14.2. a). La diferencia a aportar por el comprador deberá ser depositada en efectivo en la sociedad Originante, una vez aprobada la solicitud según 14.2.b)

b.   El pago del 70% del precio de venta de la unidad en las condiciones detalladas en 14.2. c)

c.   La devolución del 6% del precio de la "unidad tipo" según 14.2. d)

d.   El pago de las tasas municipales, del servicio de agua y de las expensas comunes que recaigan sobre la unidad a partir de la posesión.

14.5. Requisitos a satisfacer por el Comprador

a.   Las cuotas a pagar por el comprador no podrán superar el 30% de sus ingresos netos al momento de la aprobación crediticia (scoring)

b.   El o los deudores no deberán superar 70 años a la fecha de cancelación de la primera hipoteca.

c.   Los solicitantes del crédito que sean trabajadores en **relación de dependencia** deberán presentar: constancia de C.U.I.L., Certificado Laboral con firma del empleador certificada por entidad bancaria y xx últimos recibos de haberes.

d.   Para el caso de solicitantes **autónomos o monotributistas**, copia del título habilitante, matrícula profesional o habilitación municipal, certificado de inscripción de C.U.I.T., fotocopia de última DD. JJ. de ganancias con sello recibido por banco, constancia de aportes jubilatorios, o de pago de monotributo a la AFIP.

14.6. Las Sociedades Originantes

La tarea de calificación y aprobación de los compradores estará a cargo de Sociedades Originantes que deberán estar previamente autorizadas por el **BCRA** y seleccionadas por el **S.S.D.U. y V.** mediante licitación pública entre las mejores ofertas por **comisiones y gastos administrativos** a cobrar por la gestión y administración del crédito y la **TNA** sobre el crédito hipotecario, que deberá ser **inferior al 5%**.

Estará también a cargo de las Originantes y será motivo de la compulsa del BCRA los honorarios por la verificación técnica y encuadre de los proyectos dentro de la normativa prescripta, la administración fiduciaria del emprendimiento y el seguimiento de la obra, honorarios que estarán a cargo del emprendedor.

14.7. La Cédula Hipotecaria

El Gobierno Nacional, mediante la sanción de los instrumentos jurídicos que sean necesarios deberá autorizar la emisión de **Cédulas Hipotecarias, en pesos, reajustables con el CVS** y con una **tasa de interés pasiva del 2% al 3% anual** a favor de los tomadores. Dichas cédulas hipotecarias estarán respaldadas por los títulos hipotecarios en primer grado emitidos por las Sociedades Originantes contra las hipotecas originadas y estandarizadas conforme al presente programa.

Tenemos la convicción de que numerosos inversores y ahorristas comunes adquirirán estos instrumentos financieros, pues ellos les garantizarán una renta real, en función de la tasa de interés a aplicar sobre "verdaderos títulos de valor".

Creemos también en la confianza que inspirará en el público en general la aplicación de una actualización del valor de los títulos (**CHA**) en base a un índice cuidadosamente elaborado debido a que requiere un precisa determinación ya que conlleva una verdadera función social que cumplir (**CVS**).

14.8. La ANSES

El aporte del Estado en la implementación de este programa es fundamental, y por ese motivo consideramos como esencial el rol que puede cumplir, al menos en una etapa inicial, la **Administración Nacional de Seguridad Social.**

Efectivamente, creemos que la ANSES debería dar el punta pié inicial para el arranque del plan, en forma similar a su intervención en otros programas productivos, con la ventaja de que en este caso sus inversiones serán a largo plazo y tendrán garantizada una rentabilidad que se convertirá en una seguridad para los futuros jubilados.

En tal sentido estimamos que **con $ 4.500 millones** de inversión inicial se podría **financiar el crédito hipotecario de alrededor de 20.000 viviendas en un año,** monto que no será necesario desembolsar en forma inmediata sino creando los instrumentos que garanticen la adquisición de las CHA respaldadas con la titulización de las viviendas provenientes de este programa hasta el monto mencionado.

En tanto que el aparte del Estado para ayudar al pago del anticipo para **20.000 viviendas** alcanzaría a unos **$ 900 millones,** monto que sería recuperado paulatinamente por el Estado conforme el avance de las obras.

No descartamos la posibilidad de que un instrumento financiero como el que proponemos e impulsado por la ANSES como primer inversor institucional puede producir un aluvión de inversores, que a fin de garantizarse su futura renta, estarán repatriando capitales, desenterrando tesoros y hurgando colchones en pos de invertir sus tenencias para obtener márgenes de utilidad que de otra manera no conseguirán. Pero lo más importante es que contribuirán a ayudar a cientos de miles de hogares de argentinos a lograr el acceso a su vivienda.

Y a generar un impulso espectacular a la construcción lo que nos permitirá esquivar eficientemente la crisis económica y financiera que padece el mundo y que Inevitablemente nos golpea.

Advertencia: un plan de construcción de viviendas como el propuesto deberá implementar su crecimiento en forma paulatina y coordinada con la introducción de nuevas tecnologías y con inversiones empresariales para aumentar la producción de insumos y capacitación a fin de asegurar el aprovisionamiento de materiales, equipos y mano de obra necesarios.

TIPOLOGÍA DE LAS VIVIENDAS

Serán viviendas nuevas a construir o estrenar con primera escritura. Respetarán las Normas Edilicias de la locali-
dad de emplazamiento y los "Estándares Mínimos de Calidad para Viviendas de Interés Social" de la S.S.D.U.y V

Ubicación	Dorm.	SUPERFICIE CUBIERTA TOTAL m2			Precio de Venta U.T.	Estado 20%	Crédito 70%
		mínima	máxima	Unid. Tipo			
Interior del país	mono	37	50	42	162.960	32.592	114.072
	1	50	65	60	232.800	46.560	162.960
	2	65	80	75	291.000	58.200	203.700
	3	80	100	90	349.200	69.840	244.440
AMBA	mono	37	50	42	195.552	39.110	136.886
	1	50	65	60	279.360	55.872	195.552
	2	65	80	75	349.200	69.840	244.440
	3	80	100	90	419.040	83.808	293.328

Precios a Mayo de 2010 según Capítulo 8

BANCOS ORIGINANTES

Verificarán que los proyectos se ajusten a las Tipologías autorizadas. Calificarán a los compradores. Serán Administr. Fiduciarios del Empr. Emitirán los Mutuos Hipotecarios	Deberán estar autorizados por BCRA. Serán seleccionados por SSDU y V por compulsa de honorarios	Actuarán como Fiduciarios de los emprendimientos. Titulizarán las hipotecas emitiendo las CHA a colocar a través de Bolsa.Com. Efectuarán la administr.de los créditos

FORMA DE PAGO DE LA VIVIENDA

a) 20% del precio de la **Unidad Tipo** mediante un Certificado(Vaucher) entregado por el Estado a la aprobación del Comprador	**14%** con subsidio del Estado no reintegrable **6%** con préstamo de la ANSES a devolver por comprador según d)	Recuperable por el Estado por medio de la recaudación del: - IVA sobre la construcción (10.5%) - Impuesto a las ganancias s/la obra A recuperar por la ANSES según d)
b) saldo hasta completar el 30% de anticipo, será depositado por el comprador en el banco Originante en efectivo una vez aprobada la Carpeta del crédito. El pago del anticipo congela el 30% del precio de venta. El 70% restante se redetermina con el ICC hasta la fecha de la escritura prevista en contrato o efectiva, si es anterior	El Banco Originante pagará el 30% del anticipo al Emprendedor en efectivo El Banco podrá financiar al Emprendedor el costo de la obra en condiciones acordadas libremente.	
c) 70% mediante crédito hipotecario - Plazo: 20 años (240 cuotas) - reajustables con el CVS desde la fecha de escrituración - Tasa máxima: 5% TNA o menor - más gastos administrativos y seguros de vida e incendio	Cuota máxima actualizada no debe superar el 30% del ingreso del deudor. Caso contrario, el excedente será capitalizado y abonado a partir de la cuota 241ª, actualizado según d) **CUOTA c/$ 100.000 = $ 659,96** **más gastos adm. y seguros**	La financiación será obtenida por los Bancos Originantes mediante la Titulización de hipotecas y emisión de CHA ajustables con **CVS+2 a 3% TNA** colocadas a través de Bolsa de Com. a inversores privados e institucionales. **Primer inversor: ANSES**
d) 6% del precio de la **unidad tipo** recibido con el Certificado (vaucher) será devuelto por el Comprador a partir de la cuota 241ª ó de completada la devolución según c) Ese 6% será actualizado con el **CVS** y rendirá el 5% de TNA más gastos administrativos y seguros.		

BIBLIOGRAFÍA

Abad de Santillán, Diego	Historia Argentina	Tipográfica Editora Argentina 5 tomos, Buenos Aires 1975
Andino, Ricardo Daniel Sprovieri, Eduardo Juan	La legitimidad del reconocimiento de las variaciones de costos en la construcción de viviendas	Cavera-Fodeco, Bs As 2006
Asociación Arg. de Marketing	Indice de Nivel Socio Económico Argentino 1996	Buenos Aires 1998
Asociación Arg. de Marketing	Nivel Socio Económico 2006	Buenos Aires 2008
Ballent, Anahí	Las huellas de la política	Editorial Prometeo 2010, Buenos Aires 2005
Banco Hipotecario Nacional	Memoria Anual 1998	
Banco Hipotecario S.A.	Programa Casa Propia	Buenos Aires 2006
Bidart Campos, Germán J.	La indexación de las deudas como principio constitucional	El Derecho, tomo 72
Bunge, Alejandro E.	Una nueva Argentina	Hyspamérica Ediciones Argentina, Madrid 1984; Editorial Kraft, Bs As 1940
Cortés Conde, Roberto	Conferencia dictada el 27 de noviembre de 2007	Convención de Crédito para la Vivienda del B.C.R.A.
Crivelli, Julio Cesar	El ajuste del precio en la locación de obra	Editorial Abaco, Bs As 2004
Espasa-Calpe S.A-	Diccionario Enciclopédico Espasa	Espasa-Calpe, 8ª edición, 12 tomos Madrid 1978
Gaggero, Horacio, Garro, Alicia	Del trabajo a casa	Editorial Biblos, Bs.As. 1996
García Hamilton, José Ignacio	El autoritarismo hispanoamericano	Editorial Sudamericana, Buenos Aires 1998
Gobierno de la C. de Buenos Aires	Precio de Venta de los Terrenos – Mercado Inmobiliario de la Ciudad de Buenos Aires-2009	Dir. Gral de Estadística y Censos del Gobierno de la Ciudad
Gutman, Margarita Hardoy, Jorge Enrique	Buenos Aires 1536-2006	Ediciones Infinito, Buenos Aires 2007
INDEC	Censo Nac. de población, hogares y viviendas 2001	INDEC
INDEC	INDEC Informa	Publicación mensual
Korn, Francis	Buenos Aires mundos particulares	Editorial Sudamericana, Buenos Aires 2004

Perry, John H.	Europa y la expansión del mundo 1415-1715	Editorial del Fondo de Cultura Económica, México 1952
Rosa, José María	Historia Argentina	Editorial Oriente, 13 tomos, Buenos Aires 1976
Scobie, James R.	Buenos Aires, del Centro a los Barrios	Ediciones Solar, Buenos Aires 1976
Smith, Adam	La riqueza de las naciones	Alianza Editorial, Madrid 1999
Tella, Guillermo	El problema habitacional	El Cronista, edición del 30.10.2008
Modelo I	Revista Vivienda Nº 575	Buenos Aires, Junio de 2010

www.ingramcontent.com/pod-product-compliance
Lightning Source LLC
Chambersburg PA
CBHW071537150726
48000CB00002B/827